Martin Kutz

Die Schlacht als Männerballett oder Mythos und Militär

Die Schlacht als Männerballett
oder
Mythos und Militär

Martin Kutz

2022

Carola Hartmann Miles-Verlag Berlin

Bibliografische Information der Deutschen Nationalbibliothek
Die Deutsche Nationalbibliothek verzeichnet diese Publikation in der Deutschen Nationalbibliografie; detaillierte bibliografische Daten sind im Internet über www.dnb.de abrufbar.

www.miles-verlag.jimdo.com
email: miles-verlag@t-online.de

Herstellung: Books on Demand, Norderstedt

Cover: H. de Gissey, Kostüm des Soldaten, Ballet de la Nuit, Wikipedia Commons abgerufen 22.5.2022; Parade am Tempelhofer Feld 1908, No14080. PictureDesk Imago/APA

Printed in Germany

ISBN 978-3-96776-046-0

Vergangenheit, die zur fundierenden Geschichte verfestigt und verinnerlicht wird, ist Mythos, völlig unabhängig davon, ob sie fiktiv oder faktisch ist.

Jan Assmann, Das kulturelle Gedächtnis, München 1992

Inhaltsverzeichnis

1 Vorwort

Das für viele Undenkbare wurde wieder Realität: Krieg in Europa! Damit ist Militär ein Thema auch bei denen, die die denkbar größte Distanz zu ihm hatten. Nun rückten auch wieder seine Geschichte und seine vom Zivilen abweichenden Besonderheiten ins Blickfeld, meistens jedoch in verkürzter Form. Dass Militär aber auch eine kulturelle und religiöse Dimension hat, wurde nicht wahrgenommen, dass seine Geschichte von Mythen durchtränkt ist, ebenso.

Martin Kutz
März 2022

2 Mythos und Aufklärung im Konflikt oder: Warum musste Kapitän Cook sterben?

Mythos assoziiert der moderne gebildete Mensch eher mit außereuropäischen „Naturvölkern“, nicht aber mit europäischer Gesellschaft und Kultur, es sei denn im übertragenen Sinn. Schon gar nicht werden religiöser Mythos und Militär als zusammengehörig wahrgenommen. Unbeachtet bleibt daher, dass Militär und Kirche seit den frühesten Erscheinungsformen von Militär eine symbiotische Beziehung haben. Christlicher Mythos ist seit dem Mittelalter deshalb die gestaltende Kraft.

Wenn in Mythen befangene „Naturvölker“ zu Demonstrationszwecken oder vor kriegerischen Auseinandersetzungen Kriegstänze aufführten, ist das für den rationalistischen Zeitgenossen ein irrationales, folkloristisches Unternehmen. Europäisches Militär und die hochentwickelte Kunstform Ballett als kulturelle Entsprechung zu verstehen erscheint als eine intellektuelle Provokation. Noch schwieriger ist es dem Rationalisten, die Bedeutung und Wirksamkeit von Mythen als anders geartete aber rationale Systeme des Weltverstehens zu akzeptieren, weil er die eigene wissenschaftsgeprägte Rationalität als prinzipiell unhinterfragbar versteht.

Das ist eine, wenn nicht die wichtigste Ursache dafür, dass es gelingt, sich wissenschaftlich mit den Mythen indigener Völker rational auseinander zu setzen, jedoch den christlichen Mythos, in dem das sogenannte Abendland teilweise immer noch gefangen ist, als solchen nicht zu erkennen und wahrzunehmen. Wie geschichtsmächtig dieser Zusammenhang im historischen Prozess war, ist deshalb weitgehend unerkannt geblieben.

Nun gibt es die 25 Jahre alte Untersuchung von Sahlin, deren Erscheinen seinerzeit eine heftige, ja erbittert geführte Diskussion ausgelöst hatte: Am Beispiel der letzten Reise von Kapitän Cook 1789 und seines Aufenthalts auf der Insel Hawaii entschlüsselt der Autor die vollständig und prinzipiell andersgearteten Denkweisen der Akteure, die jeweils andere Partei zu verstehen. Das daraus entstehende Missverständnis endet tödlich: Cook wird von den Hawaiianern erschlagen.

Angeregt durch Sahlins Schrift habe ich eine Systematik der kulturellen Unterschiede zwischen Mythologie geprägten und wissenschaftlich rationalen Kulturen entwickelt, indem ich die jeweilig sich entsprechenden kulturellen Äußerungen beider Denk- und Lebensweisen gegenübergestellt habe. Dieses Muster liegt nun dieser Studie zugrunde, sie ist der abstrakte Leitfaden meiner Überlegungen. Um diese Abstraktion wenigstens an einem Beispiel zu konkretisieren, soll eine kurze Zusammenfassung der Ergebnisse Sahlins folgen.

Der Autor beschreibt unter anderem die Umstände der letzten Reise von Kapitän Cook nach dem Archipel von Hawaii und die Umstände, die letztlich zur Tötung Cooks durch die Eingeborenen führten. Voraussetzung zum Verständnis der Vorgänge ist die rudimentäre Kenntnis des hawaiianischen Mythos von der Funktionsweise der Welt und der Gesellschaft. Dieser Mythos entspricht in vielen Aspekten auch dem mythischen Weltverständnis der Einwohner der weiteren pazifischen Inselwelt.

In unserem Zusammenhang ist nun wichtig, dass Cook zu einer Jahreszeit (über den Jahreswechsel) dort erscheint, als die Inselbevölkerung in vielen Ritualen, Umzügen, Festen und 'Gottes'diensten den Wechsel von der Trockenperiode in die des regengestützten fruchtbaren Wachstums begeht. Für sie ist Cook die Inkarnation ihres Gottes Lono, der dem Mythos zufolge übers Meer kommt, um sein Land in Besitz zu nehmen und für Fruchtbarkeit zu sorgen. Wenn die Feierlichkeiten zu Ende gehen, die mehrere Wochen dauern, verschwindet der Gott wieder und kommt zur gleichen Jahreszeit im nächsten Jahr wieder.

Die Inselfeierlichkeiten gehen von einem Haupttempel an der Küste aus, gehen dann rund um die Insel und brauchen eine lange Zeit wegen der vielen Aufenthalte. Zur gleichen Zeit umsegelt Cook ~~die Insel~~ Hawaii im Uhrzeigersinn parallel zu den Umzügen. Die Bewohner, die bei einer kurzen früheren Begegnung mit Cook den weißen Mann gesehen haben, halten ihn für ihren jährlich wiederkehrenden Gott Lono und behandeln ihn nach seiner Landung als diesen. Cook akzeptiert diese Behandlung und macht wunschgemäß mit. Für die Einwohner dokumentiert er damit, dass er der Gott ist. Die mit den Feierlichkeiten zeitgleiche Umseglung verstärkt die Wahrnehmung Cooks als Gott, seine Bereitschaft, alle Rituale mitzumachen, befestigt den Glauben, dass die mythische Weltsicht und das dazugehörige Gesellschafts- und Herrschaftssystem wahrheitsgemäße Welterklärung und Tatsache sind. Der Mythos wird gelebt.

Die Wahrnehmung Cooks und seiner Begleitung ist aber von der Aufklärung und dem Welt- und Wissenschaftsverständnis Europas geprägt. Für sie sind die Vorgänge irrationale, fremde Verhaltensweisen, deren innere Kohärenz für sie nicht nachvollziehbar ist. Die Kollision dieser unterschiedlichen Wahrnehmungsmuster ist unausweichlich. Da dem Mythos zufolge die Zeit des Gottes Lono abgelaufen ist, drängen die Einwohner Cook zur Abreise. Diese erfolgt. Aber ein schwerer Sturm mit einer Havarie von Cooks Schiff veranlasst ihn, in Erinnerung an seine überfreundliche Aufnahme, zurückzukehren um das Schiff dort zu reparieren.

Das ist allerdings ein Zeichen für ein fundamentales Missverständnis der Europäer. Sie waren dort nicht als normale Menschen wahrgenommen worden, die natürlich in einer solchen Situation Anspruch auf Hilfe anmelden konnten. Sie waren Vertreter einer göttlichen Ordnung, die auf keinen Fall gestört werden durfte, weil sonst die hawaiische kulturelle, politische, ökonomische und soziale Ordnung zerstört würde. Im Mythos stirbt der Gott, bzw. wird auch am Ende seiner Reise getötet. Das Wiedererscheinen Cooks drohte für sie alles zu zerstören. Er musste sterben, als Gott sterben, und so wird er in einer gemeinschaftlichen Aktion der Priester getötet und als Menschenopfer behandelt.

Natürlich ist die Sicht der Europäer damals darauf gerichtet, interessante, fremde, auch unverständliche Dinge zu beobachten und zu beschreiben. Die Expeditionsberichte bezeugen das, ebenso wie die große Genauigkeit der Beobachtungen. Der Blick prallt aber am hawaiischen Mythos ab. Man versteht zwar, dass es sich bei den Erscheinungen um quasi religiöse Angelegenheiten handelt, ist aber nicht in der Lage, die im Mythos angelegte Rationalität, deren Realverständnis und Realitätswahrnehmung zu erkennen. Für den Hawaiianer waren die Ereignisse um Cook Bestätigung ihres Welt- und Realitätsverständnisses, für die Europäer eine weitgehend irrational ablaufende Ereignisfolge.

Auch heute ist es dem modernen Menschen nicht unbedingt gegeben, die Realität produzierende und das Verhalten von Menschen steuernde Bindekraft des Mythos zu verstehen. Wir können normalerweise mit Mühe eine rational nachvollziehbare Annäherung zustande bringen.

Die emotional tief verankerte und lebenssteuernde mythische Weltwahrnehmung ist uns fremd. Das Beispiel hat gezeigt, wie zwei fundamental unterschiedliche Rationalitäten aufeinandergeprallt sind. Die Hawaiianer haben sich minutiös an die Rationalität ihrer Vorstellungswelt gehalten, die Europäer an ihre auch.

2.1 Christliche Lebenswelt und Mythos

Es ist heute sicher leichter, eine vom Mythos geprägte Kultur zu verstehen, wenn sie so fremd ist wie die Ureinwohnerkultur Hawaiis, weil man das Fremde als fremd direkt wahrnehmen kann. Schwieriger ist so etwas in der eigenen Kultur und Tradition, erst recht, wenn die Bezüge bis in die Gegenwart reichen können. Auch unsere Welt des 20. und 21. Jahrhunderts ist noch voll von Restbeständen mythischer Vorstellungen und von ihnen geprägter Verhaltensweisen. Das gilt natürlich besonders für jahrhundertealte Organisationen wie Kirche und Militär, deren Geschichte und Kultur eng miteinander verwoben sind. Da selbstverständliche Bildern in uns verankert sind, kann man solche kulturellen Muster noch schwerer entschlüsseln.

Ein kursorischer Überblick über Sicht- und Frageweisen moderner anthropologischer, ethnographischer und kulturhistorischer Literatur bestätigt das. Beschrieben werden in historischen Studien meistens die sozialen und politischen Folgen im Mythos gesteuerten Verhalten, in den religiös motivierten Handlungsweisen und konkreten Aktivitäten. Ob Rittertum, Kreuzzüge oder Ketzerverbrennungen, wir sind darüber ziemlich gut informiert. Die stille Wirkung im Alltagsleben wird nur als folkloristische Zugabe wahrgenommen, ist nicht Kern der Analyse.

Dabei ist der christliche Mythos sehr viel leichter zu beschreiben, weil die Theologie vieler Jahrhunderte sich in seiner Fixierung auf zweierlei Weise betätigt hat. Einmal hat sie den Kernbestand christlichen Denkens immer genauer beschrieben und interpretiert. Dann aber hat sie im Versuch der Abgrenzung und Verurteilung vom Volksglauben auch die dunkle Seite des Mythos aufgezeigt.

Der Kern des Mythos erscheint in der Gestalt Christi und seines Opfertodes. Er ist Lamm Gottes, also auch Opferlamm in der jüdischen Tradition. Mit dem alten Verständnis der Schöpfungsgeschichte, vom jüdischen Volk Gottes in Bezug auf Christus und dessen Abstammung von König David wird jüdische Tradition Teil des christlichen Mythos. Die Gemeinsamkeit der gläubigen Christen mit Christus wird im Abendmahl gefeiert und in der alten Transsubstantiationslehre beschrieben.

Zwar auch theologisch abgehandelt, ist aber für den Gläubigen in historischer Zeit die Rolle von Engeln von großer Bedeutung, ebenso die der Heiligen, der Apostel und vor allem der Jungfrau Maria als anrufbare Vermittler und Helfer in allen Nöten. In einer weitgehend menschenfeindlichen Natur und bei den Katastrophen der Zeit sind sie der emotionale Halt. Das Böse selbst und das Böse der Zeit wird genauso wie das christliche Personal als Einzelwesen gesehen.

Das ist der Teufel mit seinen Helfern, mit bösen Geistern, Zauberern, Hexen, bösen Phantasiegestalten aus der Tierwelt und anderen Ungeheuern. Sie sind das Drohpotential, das auch die Kirche benutzt und zugleich die Angst vor Fegefeuer und ewiger Verdammnis zur Disziplinierung der Sünder mobilisiert. Letztlich ist die Kirche selbst auch Teil des Mythos. Sie ist von Christus persönlich mit der Schlüsselübergabe an Petrus gegründet. Sie kontrolliert mit der Fähigkeit, zu binden und zu lösen, mit den Sakramenten und ihren Ritualen den Zugang zu Gott und seinen Gnadenakten. Sie leitet davon die Aufgabe ab, Wächter des rechten Glaubens zu sein und auch das Recht zur Verfolgung von Ketzern und Ungläubigen.

Das liest sich hier wie eine laienhafte christliche Theologie. Das wäre ein Missverständnis, denn es geht um die Aspekte des christlichen Glaubens, die als Elemente des Mythos das Alltagsleben der Menschen beherrschten, verinnerlicht waren und damit zugleich der Schlüssel zu ihrem Weltverständnis. Menschliche Rationalität dieser Zeit hat diese Glaubenswelt als vorrationale Prämisse ihres rationalen Denkens zum Fundament. Alte Berichte über Wunder, Ungeheuer und Dämonen oder Zeichen Gottes in der Natur schildern keine Phantasien ohne Realitätsbezug, sie sind erlebte und oft erlittene Realität der Gläubigen. Sie gehören ins System ihrer Weltwahrnehmung.

Zwei historisch verbürgte Ereignisse geben einen konkreten Einblick in die Macht der Mythen. Auf dem ersten Kreuzzug wird (verkürzt erzählt) das Kreuzfahrerheer in Antiochia eingeschlossen und über Monate belagert. Auch die letzte Maus oder Ratte ist verzehrt. Der Hunger hat alle - Kämpfer wie Einwohner - extrem geschwächt. In dieser Situation taucht ein Knappe auf und erklärt aufgeregt, der heilige Andreas habe ihm im Traum befohlen, an einer bestimmten Stelle die Spitze eines Speeres auszugraben. Mit dieser Spitze als Feldzeichen würden sie den Feind vollständig besiegen. Die Aufregung im Heer ist enorm. Es wird beschlossen, einen Ausfall zu machen. Alle mobilisieren die letzten Kräfte und mit wildem Siegesgeschrei überrumpeln sie das Belagerungsheer, das, soweit noch möglich, in wilder Flucht das Feld räumt.

Das andere Ereignis findet in Süddeutschland im Krieg gegen die Truppen Ludwigs XIV statt. Auch hier ist die Truppe des Kurfürsten von Bayern und Österreichs am Ende. Wochenlang schlechtes, stürmisches Wetter, das Land von den Soldaten kahlgefressen, die taktische und materielle Überlegenheit der feindlichen Truppen ist unübersehbar. Als man die hoffnungslos begonnene Schlacht zu verlieren droht, sieht einer der einfachen Soldaten in den wilden düsteren Wolkenbildern die Jungfrau Maria, die ihre Arme segnend ausbreitet. Die Nachricht geht wie ein Lauffeuer durch die Truppe. Alle müssen Maria gesehen haben, und in einem wilden, völlig überraschenden Ansturm werden die französischen Truppen geschlagen. Nur weil die Soldaten Maria „wirklich" gesehen haben, hatten sie die Kraft für diese ungewöhnliche Anstrengung.

Natürlich wird der Rationalist andere Ursachen für den Ungeheuer- und Geisterglauben ebenso wie den an die heilige Ordnung und ihre Wunder finden. So ist es beim damaligen Ernährungszustand natürlich möglich, dass man vor Hunger Halluzinationen bekommen konnte, ebenso wie von verschimmeltem Brot oder anderen verdorbenen Nahrungsmitteln. Sie wurden aus heute unvorstellbarer Not und aus grauenhaftem Hunger auch in miserabelstem Zustand gegessen. Vertrug man solche Abfälle, schien es, dass die Gebete geholfen hatten, aber auch die vielen Helfer im Himmel. Wenn nicht, war es eine Strafe Gottes. Strafen verdient hatte man allemal.

2.2 Mythos und aufgeklärte Rationalität – ein Vergleich

Die alteuropäische Gesellschaft ist voll solcher Hintergründe. Sie versteht sich fundamental anders als sich Gesellschaft seit der Aufklärung entwickelt hat. Diese Unterschiede sind deshalb in der folgenden *Matrix* kultureller Orientierungsmuster gegenübergestellt und systematisch erfasst.

Eine solche Begriffssammlung muss wenigstens in den Grundzügen erläutert werden, wissend, dass hier eine abstrahierende Vereinfachung vorliegt. Dies vor allem deshalb, da sich beide Bereiche nicht immer eindeutig trennen lassen, je mehr der historische Prozess sich der Moderne nähert. Als rationale Kultur ist hier die naturwissenschaftlich-technische Moderne, in letzter Konsequenz also das Industriezeitalter gedacht. Die hier traditional genannte Kultur ist die der alteuropäischen Gesellschaft, die in den Umwälzungen der Französischen Revolution und ihren Folgen ihr Ende findet.

Die Elemente der rationalen Kultur sind uns vertraut, oft auch als selbstevident verständlich. Dass die *Theorie* am Anfang steht hat seine Ursache darin, dass auf dieser Ebene das Welt– und Gesellschaftsverständnis verhandelt wird. Die Moderne tut das in den aufgeführten Bereichen, also Philosophie und Wissenschaft. *Ethik* ist also eine in philosophisch-wissenschaftlichen Denkkategorien entwickelte Normenwelt der modernen Gesellschaft, die sich in konkreter *Moral* äußert. In dieser gesamten Welt sind Sachen in ihrer Materialität oder als wissenschaftlich gesicherte Tatsachen Anker des Denkens.

In der traditionellen Kultur sind hingegen *Mythos, Religion, Magie und Kunst* das Fundament des Welt- und Gesellschaftsverständnisses. Die Welt wird über Geschichten (z.B. Schöpfungsgeschichte) und Bilder (imaginierte und reale) erklärt und verstanden. Bewegungskräfte in Natur und Gesellschaft sind Teil davon.

Matrix kultureller Orientierungsmuster

Vergleichsebene	Rationale Kultur	Traditionale Kultur
Theorie	Philosophie, Wissenschaft	Religion, Mythos, Kunst, Magie
		Tabu
	Ethik	
		Ritual
	Moral	
	Sache	Symbol
Staat		
	Staatsorganisation	Ordnung
	Verwaltung	Lehnswesen
	Steuern	Personenverband
	Recht, Gesetz	Regel, Satzung, Privileg
Gesellschaft		
	Gesellschaftliche Übereinkunft	Geschichte und Tradition
	Öffentlichkeit	Gewachsene Struktur Standesgemäßheit
Person		
	Privatheit	„Treue“, „Gehorsam“
	Pers. Verantwortung	Symbolisches Handeln
	Zweckhandeln Handeln nach rationaler Entscheidung	Handeln nach emotionaler Verankerung und Erfahrung
	Ausbildung Individuum	Erziehung „Stand“

Wie fast alle religionsfixierten und andere mythische Gesellschaften werden sie strukturiert durch eine Systematik von *Tabus*. Meistens geht es um Nahrung, Verwandtschaftsbeziehungen und die Erlaubnis oder das Verbot zu töten. Wird der moderne Mensch durch eine emotional verantwortete Moral gesellschaftsfähig, ist in früheren, alten Kulturen schon deshalb ein ausgefeiltes System von *Ritualen* notwendig, weil in schriftloser Kultur nur so die gesellschaftlichen Regeln und Tabus im Gedächtnis fixiert und im Ritual sicht- und erlebbar werden.

Rituale strukturieren den Alltag von Gesellschaft und Herrschaft. Dazu gehören Grußrituale, die die Beachtung der Hierarchie sowie die letztendliche Unterwerfung unter sie bezeugen. Es ist festgelegt, wer in welcher Form zuerst zu grüßen hat und wie der Gruß zu erwidern ist. Aber auch andere Unterwerfungsrituale, etwa der Gläubigen während der Messfeier in der Kirche oder im Zusammenhang mit Strafen für alle denkbaren Vergehen, sind ritualisiert. An den Pranger stellen, Bußübungen im Büßerkleid, das Verbot, seine Waffen zu tragen oder zu Fuß ins Quartier gehen zu müssen statt zu reiten. Für Jüngere, Untergebene oder auch als Kirchenstrafen sind körperliche Züchtigungen genau geregelt.

Eine besondere Rolle spielen Rituale im individuellen Bereich, z.B. bei den Initiationsriten der Priesterweihe oder der dem Ritterschlag vorweggehenden Übungen. Große Bedeutung hat das Ritual bei der Verleihung eines Lehens und dem dabei notwendigen Treueid. Die ganze Messfeier ist ein Ritual, Prozessionen zu kirchlichen Feiertagen und öffentlich vollzogene politische Vertragsabschlüsse ebenso. Nahezu alle Rituale werden öffentlich vollzogen, damit Beteiligte wissen, welches korrekte Verhalten dafür erforderlich ist. Die Alltagsrituale werden selbstverständlich praktiziert oder erzwungen und als solche in der täglichen Routine kaum wahrgenommen. Die mit konstitutionellem Charakter werden hingegen mit großem Aufwand öffentlich inszeniert.

Schwieriger aber dürfte es für den Rationalisten sein, die Bedeutung des Gegensatzpaares *Sache* und *Symbol* zu verstehen. Wir sind es gewohnt, ein Auto Auto zu nennen. Es ist physisch vorhanden und durch Augenschein und Tasten erfahrbar. Ebenso sind wir geschult, wissenschaftliche Ergebnisse als Tatsache zu verstehen. Für uns ist die Hostie als Gebäck aus Mehl und Wasser nachvollziehbar und eine Fahne als textiles Gewebe. Was die Hostie dem noch nicht von moderner Theologie gestreiften Christen des Mittelalters oder heute strenggläubigen Katholiken bedeutet, dass es sich beim Verzehr der Oblate während der Messfeier nach der Wandlung tatsächlich um den Leib Christi handelt und der Gläubige Christi Leib real verzehrt, ist dem Rationalisten auch emotional völlig fremd.

Gleiches gilt zum Beispiel für die Fahne, die jahrhundertelang das Symbol der Ehre war. Wurde sie verloren, war auch die Ehre verloren. Fahnenjunker haben sich im Gefecht nicht gescheut, die Fahne mit ihrem Leben zu decken. In beiden Beispielen kann der moderne Mensch nur Symbole im heutigen Sprachgebrauch verstehen, also Sachen, die an etwas erinnern oder zum Beispiel etwas Abstraktes, Bildhaftes darstellen. Für den im Mythos Gefangenen sind sie aber lebensbestimmende Tatsachen von gleichem Gewicht in der Wahrnehmung wie für den Rationalisten die Wahrnehmung eines physikalischen realen materiellen Gegenstandes. Er versteht den Mercedesstern als Symbol für das ganze Auto.

In der nächsten Vergleichsebene der Matrix konkretisieren sich die Normen in Organisationen. Der *Staat* als Organisation ist uns eine Selbstverständlichkeit. Wir kennen Verwaltung, Ministerien, Rechtsordnung, Steuern und Staatsausgaben. Der Staat hat eine Vielfalt von Formen entwickelt, von der plebiszitären Demokratie bis zur Diktatur. Wir haben aber vergessen, dass es Staat noch gar nicht so lange gibt. Erste Ansätze, und mit heute vergleichbar, sind frühe Steuerverwaltungen zur Deckung langfristiger Aufgaben wie stehendes Heer, hauptstädtische Hofhaltung, Festungswesen. Erste nicht wirklich funktionstüchtige Fachministerien hat Maria Theresia in ihren Erblanden eingerichtet. Bis dahin - und in Preußen zum Beispiel bis zur Reformära 1808/1812 - gab es üblicherweise Provinzialminister/-ministerien, in denen alle Funktionen in ihrer strukturbedingten Abhängigkeit fachübergreifend zusammengehörten. Der Minister, immer noch im alten Verständnis der Diener des Monarchen, hatte alle Aspekte seines Territoriums zu bearbeiten.

In der traditionellen Welt des christlichen Europas, je weiter zurück umso weniger, kann man nicht von Staat reden. Es gibt zwar ein berühmtes altes Buch über den Staat des hohen Mittelalters, dessen Organisation sucht man aber vergebens. Um das Jahr 1000, als eine neue

Dynamik den Kontinent im Bereich der lateinischen Christenheit erfasste, gibt es real nur mehr oder weniger große Personenverbände, angeführt aufgrund ihrer ökonomischen Potenz von mehr oder weniger mächtigen Einzelpersonen. Der Versuch Karls des Großen, eine durchgehende Staatsorganisation zu schaffen, war schon wenige Jahrzehnte nach seinem Tod zerfallen. Ein anderer Versuch, diesmal im hohen Mittelalter unter dem Stauferkaiser Friedrich II., hat seinen Tod auch nicht lange überlebt. Da in der Zeit vor dem Aufstieg der Städte Grund und Boden die Grundlage von Machteinfluss und Herrschaft war, sind die Grundherren die örtlichen Machthaber. Sie sind quasi Häuptlinge ihrer Klientel und sind so in der Lage, über Heirat, Krieg oder massiven Druck ihren Einfluss zu vergrößern. Sie entwickeln sich auf diese Weise zu mächtigen Fürsten. Die deutschen Kaiser und Könige haben nur so viel Macht, wie sie mit ihrem Hausgut mobilisieren können. Die Gefolgschaftspflicht der Fürsten und Herzöge ist begrenzt. Barbarossa musste zum Beispiel einen Italienfeldzug abbrechen, weil sein Ritterheer nur begrenzte Zeit zur Verfügung stand und er nicht in der Lage war, die Verlängerung durch Geldzahlung zu erkaufen.

Die Steuer ist ein System von realen Warenabgaben, zum Beispiel für die Kirchen der sogenannte Zehnte. Galt es aber eine große Aktion zu finanzieren, musste der Herrscher mit Fürsten und Städten um einmalige Leistungen verhandeln. Seinen „Staatshaushalt", also sein Hofgefolge, hat er auf seinen Reisen vor Ort von der Stadt, der Landschaft, den ortsansässigen Lehenspflichtigen materiell, also mit Nahrungsmitteln, Viehfutter, Unterkunft und dergleichen „finanzieren" lassen. Ein Hoftag von Tagen oder Wochen konnte so eine ganze Landschaft wirtschaftlich ruinieren, auch Einmalzahlungen für eine Fürstenhochzeit konnten für die Lehenspflichtigen teuer werden. Rechtsgrundlage war das Lehnsrecht, also die Überlassung von Land und Leuten an einen Gefolgsmann mit der Auflage zu Kriegs- und Hofdienst in einem festgelegten Umfang. Herrschaft war also nur vor Ort möglich, setzte funktionierende Gefolgschaft voraus und war durch personale Verpflichtungen labil abgesichert.

Mit der Zeit haben sich über die Erbfähigkeit von Lehen festere Strukturen ausgebildet, die aber zur schleichenden Entmachtung der Zentralmacht, der Krone, führten. Das *Lehen* aber ist eine Einrichtung, die man zwar in seiner Funktion und Rechtsform beschreiben kann, dessen symbolische und emotionale Bindekraft nur schwer nachvollziehbar ist. Kaiser Friedrich II. von Hohenstaufen war sein ganzes politisches Leben bemüht, das als heilig verstandene römische Reich wieder aufleben zu lassen. Dieses Reich wird verstanden als der politische, gesellschaftliche und organisatorische Rahmen, auf dessen Territorium christliche Herrschaft bis zur Wiederkehr Christi auf Erden stattzufinden habe. Es ist verstanden als ein geographischer Ort, mehr aber noch als metaphysische Größe der geheiligten christlichen Weltordnung. Friedrich gelingt es am Ende seiner Herrschaft, die europäischen Könige und Fürsten dazu zu überreden, ihre Reiche von ihm - dem römischen Kaiser - als Lehen zu nehmen. So ist rechtlich und spirituell das römische Reich wiedererstanden, aus heutiger rationalistischer Sicht machtpolitisch folgenlos.

Bis in die frühe Neuzeit sind Rechts- und Herrschaftsverhältnisse als Folge dieses Lehensrechts zu erkennen. Die unverständlichen Titel zum Beispiel Friedrichs des Großen als Herzog von Preußen, Kurfürst zu Brandenburg, Graf von sowieso in ellenlangen Folgen sind letztlich die Rechtsgrundlage seiner Herrschaft im jeweilig genannten Gebiet und nicht umsonst gab es zunächst nur einen König in Preußen, der eben im deutschen Reich nur Kurfürst von Brandenburg war. Da Kaiser und Heiliges Römisches Reich ebenso wie dessen Lehensleute, die deutschen Fürsten, Teil dieser religiös begründeten Herrschaft waren, waren sie auch durch die Gnade Gottes zu ihrer Herrschaft berufen.

Die bisher geschilderte politische Ordnung ist also eine sehr labile und mit individuellen und gesellschaftlichen Verhältnissen so verwoben, dass die einzelnen Sphären nicht eindeutig zu trennen sind. Ein Relikt aus dieser Zeit, das in Preußen das ganze 19. Jahrhundert und bis Ende des Ersten Weltkrieges bestand, war das Institut des Rittergutes und die Figur des Ritters. Modernes Denken zwang in der Reformära, diese Einrichtung juristisch zu fassen. Ritter war man dann, quasi als bürgerlicher Besitzer, nicht mehr als Lehnsmann und man musste auch nicht von Adel sein. Dieses war ein Herrschaftsgebiet, in dem der Ritter hoheitliche Aufgaben wahrzunehmen hatte. Er war Kirchenherr (Auswahl des Pfarrers), Schulherr (Bestellung des Lehrers und Einrichtung einer Schule), Polizeiherr (verantwortlich für die öffentliche Ordnung) und Gerichtsherr für bestimmte Teile der niederen Gerichtsbarkeit. Hundert Jahre vor dieser Rechtssetzung hätte man keine genauen Definitionen dafür gekannt. Ritter sein war ein Zustand, den erst modernes Trennungsdenken in seine Elemente zerlegen konnte.

Dieses Trennungsdenken spiegelt sich in den Formen, Organisationen und kulturellen Verhaltensmustern moderner *Industriegesellschaften* wider. Die Ausprägungen sind weitgehend eine Folge ungesteuerter ökonomischer Strukturveränderungen, anthropologische Konstanten werden zu Motoren dieses Prozesses. Die Erkenntnis massenhaft auftretender gleicher Verhältnisse im Alltag und im Wirtschaftsprozess führt zu Zusammenschlüssen von Menschen gleicher Interessenlage und Erfahrung, deren Rechtsform zunächst unklar ist und erst später durch Staatseingriff reguliert wird. So entstehen im 19. Jahrhundert in Deutschland Vereine für alle Formen der Geselligkeit, aber auch zur gegenseitigen Hilfe in Form von rudimentären Krankenkassen und Frühformen von Gewerkschaften. Mit der politischen Liberalisierung im letzten Drittel des Jahrhunderts entstehen auch politische Parteien und andere politische und ökonomische Interessenverbände. Am Ende des Jahrhunderts gibt es nahezu keinen Bereich der Gesellschaft, der nicht organisiert war.

Funktionieren kann eine solche Gesellschaft nur, wenn es ein systemstützendes Rechtssystem, Rechtspflege und Rechtssetzung gibt. Politische Organe sind deshalb genötigt, sowohl Gesetzesänderung wie auch die Durchsetzung neuer Gesetze zu garantieren. Voraussetzung der Funktionstüchtigkeit ist aber auch öffentliches Engagement der Bürger und eine informierte Öffentlichkeit. Nie vorher und nie nachher als in der zweiten Hälfte des 19. Jahrhunderts gab es in Deutschland mehr Zeitungen verschiedenster Ausrichtung und verbunden damit einen regen bis heftigen Meinungskampf. Politische und gesellschaftliche gesicherte Freiheit in der Öffentlichkeit war nach der Rechtsordnung abgesichert, persönliche Freiheit und ganz besonders die Privatsphäre betreffend. Öffentlichkeit und Privatheit sind neue Erfahrungen, die sich bis in die Architektur durchsetzen. Die Wohnung, in der man jedes Zimmer erreichen kann, ohne durch ein anderes Zimmer hindurch gehen zu müssen, setzt sich mehr und mehr durch. Selbst in Adelspalästen war vorher eine solche Raumordnung nicht gegeben und organisierte Privatheit gab es nicht.

Die Modernisierung der Gesellschaft in den letzten beiden Jahrhunderten hat eine enorme Dynamik ausgelöst, die bis in die Gegenwart zugleich auch eine große Herausforderung für das Individuum ist. Was trotzdem auf jeden Fall beachtet werden muss ist die Tatsache, dass erhebliche Restbestände traditionaler Gesellschaft nicht verschwunden sind, sondern von der Modernisierung überlagert und dadurch auch in Form und Wirkung verändert wurden. Ist die moderne Gesellschaft in wesentlichen Teilen durch Übereinkunft, oft nach heftigen Kämpfen zustande gekommen, ist die alte europäische Gesellschaft langsam und über Jahrhunderte gewachsen und hat ihre am christlichen Mythos ausgerichtete Struktur immer mehr differenziert.

An die religiöse Dreifaltigkeit ist das System der Drei Ordnungen gebunden, das nicht nur Ordnung selbst bedeutet, sondern auch heilige Ordnung. Diese bezieht sich auch auf christliche biblische Urzeiten wie zum Beispiel bei adliger, fürstlicher Herkunft auch darauf, deshalb durch Alter und Tradition begründet zu sein. Fürstenhäuser sehen ihre Ahnen im jüdischen Königtum genauso wie in der Herkunft aus trojanischem Adel oder römisch-kaiserlicher „Verwandtschaft". Der junge neue Schwertadel musste seine adelige Herkunft über Generationen „nachweisen". Auch die Kirche nutzt diese Mentalität, indem sie zum Beispiel mit den pseudoisodorischen Dekretalien, also mit gefälschten Urkunden, den Kirchenstaat als Geschenk des ersten christlichen Kaisers Konstantin des Großen deklariert. Was alt ist, ob tatsächlich, geglaubt oder gefälscht, ist besonders legitimiert. Das gilt erst recht für die gesellschaftliche Ordnung, ist sie doch hoch differenziert in allen Fragen, die mit Status, Recht und Rechten zu tun haben und sie hat ein festes Regelsystem im Laufe weniger Jahrhunderte entwickelt.

Die Stadtgesellschaft in ihrer maßgeblichen Entwicklung im 13. und 14. Jahrhundert zeigt sich mit Zünften, Gesellschaften, religiösen Bruderschaften und interner hierarchischer Differenzierung. Diese macht sich in Rechten, Vorrechten, Privilegien und ausdifferenzierten Kleiderordnungen sichtbar. Was in der Moderne Recht und Gesetz sind, sind in dieser Gesellschaft *Gewohnheitsregeln, Satzungen und Privilegien.* Alle diese Institute bezogen auf die jeweilige Gruppe oder Gesellschaft sind die Sicherungsformen für interne Herrschaft, ebenso wie nach außen gerichtete Schutzmaßnahmen zur Sicherung des persönlichen und gruppenspezifischen Status. Man muss *standesgemäß* leben. Das bedeutet sowohl die Privilegien nutzen, aber auch die oft aufwendige Lebensweise demonstrieren.

Ein schlagendes, perfekt dokumentiertes System standesgemäßer Lebensführung ist der Extremfall, die Lebensweise der französischen Könige Ludwig XIV. und Ludwig XV. An beiden lässt sich auch die sichtbar werdende rationalistische, durch die Aufklärung ausgelöste Veränderung festmachen. Standesgemäßes Leben heißt in allen Lebenslagen öffentliches Leben. Ludwig XIV. hat das im Hofzeremoniell auf die Spitze getrieben. Vom Aufwachen, der Morgentoilette, ja der Darmentleerung, bis zur passenden Tages-, Abend- und Nachtkleidung sind alle Regungen unter öffentlicher Kontrolle. Selbst der Gang zur Mätresse ist ein Staatsakt, erst recht die Defloration der Gemahlin des Kronprinzen durch denselben wird öffentlich kontrolliert. Durchdrungen vom Mythos des Gottesgnadentums legt dieser König nach der Krönung in Reims den Skrofulösen und Aussätzigen seine Hände auf, weil ihnen heilende Wirkung zugesprochen ist.

Ludwig XV. spielt diese Rolle nur noch. Er entzieht sich ihr teilweise und flüchtet sich nach dem Nachtzeremoniell über geheime Türen und Treppen in die Privatheit mit Madame Pompadour oder seinen Bettgespielinnen.

Diese unterschiedlichen Kulturen wirken sich auch auf der personalen Ebene aus. Der moderne Mensch versteht sich dagegen als Individuum, was heißt, er muss sich im Industriezeitalter in völlig neuen Verhältnissen zurechtfinden, sich einordnen, Entscheidungen (zum Beispiel Berufswahl, Wohnort, Familienverhältnis) treffen und auch verantworten. Seine Entscheidungen sind rational begründungsbedürftig. Es gibt keine überpersonale (religiöse) Entlastungsfunktion, moralische Entscheidungen müssen persönlich verantwortet werden. Die Freiheit ist zwar groß, reibt sich aber an Sachzwängen und persönlichen Fähigkeiten. Unterscheidet der moderne Mensch in moralischen Fragen in eigener Verantwortung zwischen Gut und Böse, so ist der in der christlich-mythischen Tradition gebundene Mensch zur *Treue* verpflichtet, ebenso gegenüber der Ordnung wie dem Lehnsherrn zum *Gehorsam*. Diesen Maßstäben zu folgen ist auch deshalb gerechtfertigt, weil der Herr in der Pflicht steht, keine ehrenrührigen oder verbrecherischen Forderungen zu stellen. Das Individuum muss sich in die christlich geordnete Gesellschaft einordnen, faktisch wächst es nahezu automatisch in sie hinein. Der Mensch ist integraler natürlicher Bestandteil einer dem Mythos verpflichteten, über lange Zeit gewachsenen, nicht hinterfragbaren Ordnung.

Der Handlungsrahmen für die Menschen ist damit gesetzt. Einerseits, in der Moderne dominiert zweckgerichtetes, technische Bedingungen beachtendes, diese aber auch rational erweiterndes Handeln. Die Türe zu Neuerungen und technischem Fortschritt ist geöffnet. In der Tradition dominiert *symbolisches* Handeln, etwa in Unterwerfungsgesten und Worten, in Bußgängen und Kirchenstrafen. Die Anredeformen der Zeit für hochgestellte Persönlichkeiten wären in ihrer Unterwürfigkeit heute undenkbar, ebenso die bis in die hohe Politik weit eingreifende Fixierung auf Rang- und Kleiderfragen. Ein Stuhl mit oder ohne Lehne kann gravierende Auseinandersetzungen zur Folge haben, wenn man ihn der falschen Person anbietet. Vorrang, also Rangfragen, definieren die Rolle in der Gesellschaft.

Sie definieren aber auch den Handlungsrahmen. Es kann nicht sein, dass der Oberbefehl für eine Armee nicht dem Ranghöchsten in der Gesellschaft zukommt. Es geht nicht, dass ein Graf Befehlshaber ist und ein Fürst sein Untergebener, selbst dann, wenn der Graf der offensichtlich fähigere Militär ist. Ebenso ist die Tradition die beherrschende Größe im Handeln, etwa in der Rechtspflege oder in der Landwirtschaft. Das städtische Gewerbe ist alten strikten Regulierungen unterworfen.

Anders die moderne Wirtschaft und Gesellschaft, beide sind im ständigen Wandel. Qualifikationen, die vor 50 Jahren unverzichtbar waren, sind wertlos geworden, und neue Qualifikationen müssen erworben werden. Deshalb wurde das Schul- und Ausbildungssystem entwickelt, die Inhalte sind im Fluss. Der Zwang für den einzelnen, sich zu qualifizieren, ist institutionalisiert, das ganze System rechtlich geordnet.

Im alten System gibt es keine allumfassende rationale Ordnung. Zum Beispiel haben die einzelnen Zünfte das Gewerbe jeweils unterschiedlich reguliert. Qualifikation wird nicht über Schule, sondern ausschließlich über eine oft jahrelang praktizierte Lehre erworben. Man erwirbt dabei nicht nur berufliches Können, sondern übt von Anfang an die Regeln und Verhaltensmuster seiner Zunft ein. Dazu wird man erzogen in einem langen, täglich erfahrenen Prozess. Es geht also nicht nur um Kenntnisse, sondern auch um konformes Verhalten.

Im Prinzip stehen sich also Konzepte von der menschlichen Person gegenüber. Einerseits geht es um Individuum, Menschenwürde und Individualität in Selbstverantwortung, andererseits ist der Mensch Teil seines Standes und damit Teil von dessen Selbstverständnis und der dort gepflegten Vorstellung der standesgemäßen Ehre.

Will man in die mythisch geprägte alte Welt eintauchen, ihre Besonderheiten, vor allem ihre völlig anders geartete Rationalität verstehen, muss man sich einer grundsätzlichen Einsicht stellen. Beide Welten, die moderne wie die alte, sind rational strukturierte Welten. Rationalität ist ein der Logik verpflichtetes Denksystem, das nach abstrakten Prinzipien funktioniert. Es kann verschieden benutzt werden. Wesentlich sind die vorrationalen Prämissen des Denkens für die rational erworbenen Einsichten. Vom Standpunkt des Atheisten wird Rationalität andere Ergebnisse zeitigen als vom Standpunkt der zentralen christlichen Mythen. Rationalität muss also innerhalb des jeweiligen Systems gesucht werden. Mit den Maßstäben des einen das andere System des Irrationalismus zu zeihen, ist irrational. Das Beispiel des Todes von Thomas Cook macht die Konsequenzen aus dieser Einsicht deutlich.

3 Mythos und Gewalt im Mittelalter

Heute bestimmt der russisch-ukrainische Krieg die Diskussion über militärische Gewalt und überdeckt die Wahrnehmung von der neuen Weltordnung, der sogenannten neuen Kriege. Es ging und geht um Bürgerkriege aus religiösen, ethnischen und nationalen, aber auch aus kruden ökonomischen Interessen. Guerillakrieg, Drogenkrieg, Warlords und die vergeblichen Versuche, diese gewaltgesättigte Welt wieder zu befrieden, ziehen die Aufmerksamkeit auf sich. Auch das historische Interesse hat diese Erfahrung aufgenommen und sich am Dreißigjährigen Krieg, dessen Vorgeschichte und desaströsem Folgen festgemacht. Die historische Folie half, die aktuellen unkontrollierbaren Gewaltexzesse zu verstehen und auch zu relativieren. Seit Beginn des russisch-ukrainischen Krieges wurde alles, was man durch internationale Vereinbarungen und Regeln festgelegt glaubte, durch militärische Gewalt, verbotene und neuartige Waffen infrage gestellt. Es droht die Entgrenzung der Gewalt durch Waffen, die bisher tabu waren.

Das weitere genuin militärhistorische Interesse versucht, die Entwicklung militärischer Gewalt zu verdeutlichen. Zentral, wenn auch unausgesprochen, ist dabei die Vorstellung vom militärischen Fortschritt. Neue Entwicklungen in den Gewaltmitteln, die Versuche, den technischen Fortschritt in die Strukturen einzubinden oder aus technischen Gründen solche Strukturen zu entwickeln, stehen im Mittelpunkt. Auch die Voraussetzungen der militärischen Überlegenheit Europas seit der frühen Neuzeit spielen dabei eine Rolle. Viele konstitutive Elemente der alten europäischen Ordnung in Gesellschaft und Gewaltapparat werden aber kaum registriert, allenfalls als Hindernis für den Fortschritt wahrgenommen. Militär als Mythos gesteuerte soziale Institution, die ihre religiöse Fundierung im Ritual auslebt, war dem modernen Blick fremd.

Diesem Phänomen der europäischen Gewaltgeschichte versucht diese Studie in den verschiedenen Epochen seit dem hohen Mittelalter nachzuspüren. Zwei Grundmuster sind über die Jahrhunderte festzumachen: Extreme Gewaltsamkeit führt erkennbar zur Einsicht in die Notwendigkeit von Gewalteinhegung bis hin zur Domestizierung der Gewaltpotentiale. Damit verbunden *war* offenbar immer - zunächst unverständlich - die Aufhäufung von Gewaltmitteln und die Tabuisierung bestimmter Waffen, Waffensysteme und Kampftechniken, obwohl sie intelligentere oder zumindest erfolgversprechendere Möglichkeiten bieten. Im Mittelalter ist es die lange Zeit erfolgreiche Verteufelung der Feuerwaffen, in unserer Zeit könnte man die ABC-Waffenarsenale darunter fassen. Zugleich beginnt eine expansive, kulturell starke Gesellschaftsentwicklung. Diese hat destabilisierende Wirkungen, deren Folge der langsame Zusammenbruch der Institutionen und Mechanismen der Gewalteinhegung ist.

Neue Akteure nutzen nun auch neue Gewaltmittel, vor allem aber auch die Tabuwaffen. Erfunden und zunächst angewendet werden sie von den im bisherigen System unterlegenen Kräften, die es sich nicht leisten können, bei Gefahr des Untergangs oder der dauernden Unterdrückung darauf zu verzichten. Im Repertoire der neuen Kriegführung werden sie aber vor allem von den legitimen Herrschern eingesetzt, die damit ein Instrument gegen die traditionellen, partikularen und widerspenstigen Machteliten in die Hand bekommen. Der Krieg wird wieder grausam, blutig, unkontrollierbar. Die Büchse der Pandora ist wieder geöffnet.

3.1 Unkontrollierbare Gewalt und Kreuzzugerfahrung

Die konkrete Untersuchung des Gegenstandes beginnt im Mittelalter. Grund ist, dass europäisches Militär in seinen Anfängen ohne die Kenntnis des antiken, speziell römischen Militärs entstanden ist. Es ist auch nicht erfunden worden, sondern hat sich aus den sozioökonomischen und religiösen Verhältnissen nachkarolingischer Zeit entwickelt. Wesentlich ist, dass die zentrale Staatsgewalt zerfallen war und nur Restgrößen lokaler personaler Herrschaft mehr oder weniger landreicher Geschlechter übriggeblieben waren. Ihre Tendenz, sich zu erweitern, führte zu kriegsähnlichen Auseinandersetzungen, die in letzter Konsequenz zu Plünderungszügen, Mord und Totschlag führten. Was beim Gegner übrig blieb, wurde zerstört.

Die gesellschaftlichen Bedingungen in der Entstehungszeit sind vor allem dadurch gekennzeichnet, dass das Durchschnittsalter der Menschen unter 20 Jahren lag, dass die europäische Gesellschaft eine der Jugendlichen war. Im Jugendverhalten dominiert Spontanität, Bedenkenlosigkeit, sich und die Sache aufs Spiel setzen, da nicht viel zu verlieren ist sowie bei den jungen Männern zusätzlich ein hohes Maß an Aggressivität. Alles Phänomene, die in entsprechenden Gesellschaften auch heute feststellbar sind.

Ordnungsprinzip war das Lehnswesen, demnach für den einzelnen als letztinstanzliches Ziel, ein Lehen zu erhalten oder den Landbesitz durch Gewalt zu erwerben. Mit diesem Krieger beginnt das, was später einmal Ritter und noch später Militär wird. Dieser Ritter ist die Zentralgestalt kriegerischer Gewaltsamkeit bis ins frühe 14. Jahrhundert. Er ist Einzelkämpfer, meist auf eigene Rechnung, und seine Ziele sind Ruhm, Erfolg, Ehre und materieller Gewinn.

Zunächst aber versucht der Ritter, Anführer zu werden, was man bei meistens 16-25-jährigen Männern immer erwarten muss, wenn keine Ordnungsstrukturen vorliegen. Hordenbildung ist dann anthropologische Normalität. Diese Struktur bleibt aber flexibel und diffus. Eskalation der Gewalt ist schon deshalb vorgegeben, weil die eigene Situation nur über das Beutemachen verbessert werden kann. Beute können materielle Güter ebenso sein wie Land und Lehen. Die Kriegführung ist diffus, weil unter den herrschenden ökonomischen Bedingungen strategische Entscheidungen nicht möglich sind. Eine strukturelle Tatsache, die sich auch in den neuen Kriegen der Gegenwart wieder bestätigt.

Hinzu kommt, dass ökonomische Erfahrung damals sagt, dass es nur begrenzte ökonomische Ressourcen gibt, die nicht vermehrbar sind. Reicher werden kann man demnach nur auf Kosten der anderen. Wirtschaftliches Wachstum ist eine unbekannte Größe, zumal in der Agrargesellschaft die Angst vor der Missernte und dem Hunger dominiert. Es ist verständlich, dass Menschen mit der Erfahrung von Hungersnöten, Raub und Plündern darauf bedacht sind, möglichst große Vorräte anzuhäufen. Gehortete Werte, sei es an Waren, sei es in Geld, werden dem wirtschaftlichen Kreislauf entzogen, fallen also für das wirtschaftliche Wachstum weg. Wenn in Krisenzeiten das Horten zunimmt, wird die Krise verstärkt. So gibt es kein erkennbares, rational-ökonomisches

Argument zur Friedfertigkeit und Gewalteinhegung. Aus Sicht der schwachen königlichen Zentralmacht ebenso wie aus christlich moralischer Sicht ist die Gewalteinhegung aber zwingend notwendig.

Um das Jahr Tausend verschärft sich die Situation zusätzlich, weil das Land vergeben ist und mit der inneren Kolonisation andere Kräfte entstehen, die beginnen, dem Lehnswesen Konkurrenz zu machen. Zum einen wachsen nach Personenzahl und ökonomischer Macht die Klöster, diese teilweise zu Stadtgröße. Sie vermehren sich auch noch. Dann entstehen immer mehr städtische Siedlungen mit wachsendem Gewerbe. Die religiösen Reformbestrebungen führen auch zu einer vermehrten praktischen Verhaltensänderung in ökonomischen Fragen, die dazu führt, dass gehortetes Vermögen, das ja als Hort wirtschaftlich brachlag, in großem Stil enthortet wird, und dass diese freiwerdenden materiellen Mittel für religiöse Zwecke mobilisiert werden. Dadurch wird ein Bauboom für Klöster, Kirchen, Kathedralen und steinerne Bürgerhäuser sowie Befestigungsanlagen ausgelöst, der historisch ohnegleichen ist. In den dreieinhalb Jahrhunderten von 1000 bis 1350 werden in Europa nach Materialvolumen mehr massive Steinbauten errichtet als in 5000 Jahren ägyptischen Pyramidenbaus. Davon profitieren zunächst die Klöster, später aber werden sie von den Städten überrundet.

Für diese Zeit hängt deshalb der dauernde Erfolg der Entwicklung von der Gewalteinhegung und Disziplinierung der Gewaltakteure ab, also von der Disziplinierung der Ritter. Königtum und Kirche beginnen nun eine massivere Einwirkung auf die Gesellschaft mit der Propagierung des Landfriedens und des Gottesfriedens. Mit Mühe kann die Kirche einzelne Tage, später längere Zeiten als Friedenstage durchsetzen. Das schwache Königtum kann aber nur Regularien deklarieren. Es wird die Verwerflichkeit der Gewalt gepredigt. Es ist schwer, die neue Ordnung ins Bewusstsein zu bringen, denn nur die Strafdrohung mit der Hölle und Gottes Zorn stehen zur Verfügung.

In dieser Situation predigt Papst Urban II und ruft zum Kreuzzug gegen die muslimische Welt zur Befreiung Palästinas auf. Mit Unterstützung des französischen Königs und vieler anderer Fürsten wird der erste Kreuzzug ausgerufen und den das Plündern gewohnten Kriegern Palästina als Beute versprochen. Tötung des Ungläubigen und Plündern sowie Landnahme werden ausdrücklich angepriesen als Mittel zur

Sündentilgung. Dass dieser Kreuzzug scheitert, provoziert den nächsten, und es gelingt, sich in Palästina, Libanon und Teilen Syriens festzusetzen. Frieden im neugewonnenen Land ist auch kein Dauerzustand, was zwingend dazu führt, immer wieder Nachschub an Kämpfern und Materialien zu organisieren.

3.2 Landfrieden, Gottesfrieden und die Erziehung des Ritters

Wichtigste Akteure in diesem Feld werden die Ritterorden. Sie sind es auch, die entscheidende Veränderungen in der Struktur der Gewaltorganisation entwickeln. Sie versuchen, das christliche Mönchtum mit der militärischen Aufgabe zu verbinden. Diese Orden werden im Rahmen des ökonomischen Aufschwungs der nächsten Generationen reich und mächtig. Sie kanalisieren einerseits die Hilfsleistungen für die Kämpfer in Palästina, können das Organisatorische aber nur leisten, wenn sie ein hohes Maß an Disziplin und Gehorsam, also Unterwerfung unter die Ordensregeln und damit auch die Organisationszwänge durchsetzen.

Einer der größten, reichsten und mächtigsten Ritterorden werden die Templer, über die wir wissenschaftlich gesicherte Kenntnisse haben. Der Orden ist eine gut organisierte Lebensgemeinschaft. Die Mitgliederstruktur entspricht durchweg der der feudalen Gesellschaft. Vorbild für die Binnenverhältnisse war der Zisterzienserorden, der zu dieser Zeit mächtigste Reformorden im europäischen System der Klöster. Nach seinem Vorbild gibt es eine Dreiteilung der Mitglieder. Der adelige Ritter ist berechtigt, auf seinem weißen Mantel das Kreuzzeichen auf der Schulter zu tragen. Sie sind die Brüder des Ordens entsprechend den Priestern in der Klostergesellschaft. Braun gekleidet sind die anderen, zum Teil auch Kämpfer, meist aber Arbeitskräfte und Organisatoren. Der Kaplan einer solchen Kampfgemeinschaft ist in Grau gekleidet.

Von den Mönchsorden übernommen ist hier eine frühe Form von Uniformen gefunden worden, die, wie die späteren Jahrhunderte auch, nicht nur die jeweilige Gruppe unterscheidbar kleidet, sondern auch die Struktur der inneren Ordnung kennzeichnet. Übernommen wird aber auch das religiöse Leben der Mönchsorden, insbesondere auch die Verpflichtung zum Gehorsam. Der Ritter unterwirft sich dem gleichen Ritus und Regeln des religiösen Lebens. Der Tagesablauf wird von Gebetsstunden, Training, gemeinsamen Mahlzeiten, Fastenzeiten und Bußübungen durchzogen, wie sie ein Mönch auf sich genommen hat, und der Ritter unterwirft sich durch ein Gelübde freiwillig dieser Ordnung. Unbedingter Gehorsam gegenüber den Anordnungen der Vorgesetzten wird durchgesetzt und Verfehlungen streng bestraft. Als Kämpfer gegen die Ungläubigen wird er so zum „miles Christi", zum Soldaten des Herrn.

Da der Orden auch exkommunizierte Ritter aufnahm, wenn sie bereuten und nach den Kirchenbußen wieder in die christliche Gemeinschaft aufgenommen worden waren, dürfte eine Triebfeder des Verhaltens auch die weit verbreitete Angst vor der Verdammnis, der Hölle und den Angstqualen des religiösen Alltags gewesen sein. Als der Orden 1314 vom französischen König vernichtet wird, weil er sich eine große Summe politischer, militärischer und vor allem auch moralischer Verfehlungen habe zuschulden kommen lassen, wird, wie später in anderen Zusammenhängen auch, auf homoerotische und homosexuelle Verfehlungen abgehoben.

Im Stil der Zeit werden solche „Verfehlungen" nicht im Klartext formuliert, meist wird von Sodomie gesprochen und werden Gerüchte weitergetragen. Dass an diesen Vorwürfen etwas war, ist aus zwei Gründen plausibel. Einmal gibt es in den Regeln und Straftexten deutliche Hinweise für deren Existenz. Sonst würde man nicht so viel Papier dafür verschwenden. Dann allerdings gibt es strukturelle Voraussetzungen für homoerotische Beziehungen. Hier leben junge Männer im Alter besonderer sexueller Triebhaftigkeit auf engstem Raum unter schwersten Bedingungen, zudem bei Lebensgefahr im damaligen Dauerkrieg. Wo sollten sich die in diesem Alter besonders dringenden sexuellen Triebe denn entladen? Dass die Sündenangst, die grausame Strafphantasie der Zeit, die Keuschheit immer bewirkte, ist eher zweifelhaft.

In diesem Klima von Höllenangst, Erlösungshoffnung, Unterwerfung unter die Ordensregeln zu Gehorsam und Disziplin gelingt es dem Orden mit der Zeit, auf die Kampftechnik der berittenen arabischen Truppen richtig zu reagieren. Auf ritterlichen Einzelkampf eingestellt, mussten auch die Kreuzritter lernen, in Formationen zu kämpfen. Der

Einzelsieg, das Ansehen als Sieger im Zweikampf, wurde Nebensache, der Erfolg der Gruppe, der Formation, wurde eingeübt und dann auch erfolgreich praktiziert. Auch hier musste die Unterwerfung unter Kampfregeln und Disziplin erst Stück für Stück durchgesetzt werden.

Die Ehre der Formation war jetzt wichtiger als die des Einzelkämpfers. Symbol dieser Ehre wurde der Wimpel, die Fahne im Kleinstformat. Der durfte auf keinen Fall dem Feind in die Hände fallen oder anderweitig verlorengehen. Der Verantwortliche für den Wimpel wurde für Nachlässigkeit in dieser Angelegenheit hart bestraft. Überliefert ist, dass dieser, sein Pferd am Zügel, zu Fuß vom Kampfplatz ins Lager laufen musste: eine Ehrenstrafe für den Ritter, ebenso eine körperliche Zumutung unter der palästinensischen erbarmungslosen Sonne.

Beim zweiten Kreuzzug zeigte eine Formation von 130 Tempelrittern ihre inzwischen etablierte formationsgestützte neue Kampffähigkeit mit großem Erfolg und ohne Verluste. Das Kreuzfahrerheer geriet in den südtürkischen Gebirgen in schwere, verlustreiche Kämpfe, heute würde man sagen: mit Partisanen. Die kleinen Trupps der Einheimischen nutzten das Gelände als Deckung und verweigerten den offenen Kampf. König Ludwig VII. berief einen Kriegsrat ein und schlug den selbstbewussten Heerführern vor, wie die Templer zu kämpfen, sich der taktischen Disziplin zu unterwerfen und die sinnlosen Einzelkämpfe zu unterlassen. Gelingen konnte diese völlig ungewöhnliche Maßnahme nur deshalb, weil alle, vom König bis zum letzten Ritter, in den Templerorden eintraten, seine Regeln, auch die der Disziplin, des Gehorsams und der neuen Kampfweise beschworen. Das Heer wurde in Abteilungen jeweils unter Führung eines Tempelritters aufgeteilt und diese bestimmten die Kampfweise, die Einteilung nach Aufgaben und taktischen Erfordernissen. Das Heer stabilisierte sich, konnte mit wesentlich weniger Verlusten und vielen Erfolgen das gefährliche Gebirge durchqueren. Als man in die syrischen Ebenen kam, lösten sich diese neuen Formationen ganz schnell auf. Jeder einzelne war gierig nach eigenem persönlichen Erfolg. Vom ganzen Heer kamen nur die 130 Tempelritter trotz vieler Kämpfe in Palästina wohlbehalten in Jerusalem an.

Die Erfahrung mit den Tempelrittern, mit Disziplin und Gehorsam im Kampf, mit der Unterwerfung unter die taktischen Zwänge der Formation gingen nicht verloren. Ritterorden haben nicht nur in Palästina gekämpft, sondern auch bei der christlichen Rückeroberung Spaniens oder der Christianisierung im ostdeutschen Grenzgebiet und entlang der Ostseeküste, wo der deutsche Ritterorden zu einer regionalen Großmacht wurde, die von Danzig bis Rewal die Küstengebiete und das dazugehörige Hinterland beherrschte.

Die Orden brauchten für ihren Erfolg eine ausgeklügelte Logistik und großen Grundbesitz, um Ausrüstung und Unterhalt ihrer Kämpfer zu finanzieren und entwickelten deshalb ein Verwaltungssystem, das unabhängig vom Lehnswesen war und frühe Formen staatsähnlicher Organisation schuf. Hier wurde auch der Miles Christi zum Miles christianus, zum christlich in Gesinnung und Haltung geprägten Soldaten seines politischen Herrn, also die gebändigte und disziplinierte Gewalt gegen religiöse Abweichungen wie gegen politische Konkurrenten. Hier kann man die Keimzelle des Militärs späterer Jahrhunderte erkennen. Es gab viele Neugründungen solcher Orden. Der immer mächtigeren Zentralmacht, in Frankreich der Krone, gelingt nach und nach die Kontrolle dieser Orden. Sie werden nun auch von anderen Herrschern zu rein militärischen Zwecken gegründet und mutieren in den folgenden Generationen zu Offiziersorden mit Verpflichtungen auf Abruf. Selten hatte diese Art Orden die Hoffnungen der Fürsten erfüllt. Aber sie sind die Urform der modernen Verdienstorden.

Indirekt haben die in Palästina wirkenden Ritterorden einen großen Einfluss auch auf die Entwicklung in Europa gehabt. Verbunden mit der jahrzehntelangen Propagierung von Land- und Gottesfrieden, mit den Erfahrungen und Verhaltensänderungen der nur zeitweilig in den Ritterorden dienenden Ritter werden bei deren Rückkehr in die Heimat die von der Kirche propagierten friedlichen Verhaltensmuster auch weitgehend Norm des einzelnen Ritters. Seine grundsätzliche Orientierung an Ruhm, Erfolg und materiellem Gewinn bleibt erhalten. Aggressivität, Ehrsucht und der materielle Gewinn werden lediglich über das Turnierwesen umgeleitet und kanalisiert. Da die innergesellschaftlichen Konflikte auch weiterhin oft gewaltsam ausgetragen werden, bleibt seine Haltung oft ambivalent.

Das materielle Interesse allerdings wird gern hinter dem neuen, durch die Kirche und die Kreuzzüge entstandenen Selbstverständnis als Schützer der Schwachen, Armen, Witwen und Waisen versteckt. Sein Auftritt ist sehr selbstbewusst und auf den Gewinn von Aufmerksamkeit gerichtet. Bewaffnung und Kleidung sind aufwendig und teuer. Der

Verlust derselben im Zweikampf kommt einer ökonomischen Katastrophe gleich. Diesen gewaltbereiten, meist sehr jungen Mann gilt es zu domestizieren und zu disziplinieren.

Als Anfänger ist er meist Knappe eines etablierten Adeligen. Dort lernt er den höfischen Umgang, dort wird er als Kämpfer trainiert und durch unangenehme Auflagen und Aufgaben an Gehorsam und Disziplin gewöhnt. Wenn er hinreichend ausgebildet und diszipliniert ist, steht die Schwertleite an. Der junge Kämpfer muss eine Nacht allein in einer Kirche oder Kapelle verbringen. Er hat seine Prunkkleidung abgelegt, ist in „Sack und Asche", liegt im Gebet auf dem nackten Kirchenboden, vollzieht der Messfeier nachempfundene Dienste im Glauben daran, dass das Ritual ein Sakrament sei. Die Kirche war nicht in der Lage, dieses religiöse Verständnis zu verbieten. Am nächsten Tag erfolgt dann der Ritterschlag und damit die Aufnahme in die Rittergesellschaft. Maßgeblich bei dieser Initiation ist die Verpflichtung auf seine schützende Aufgabe und wesentlich die Verpflichtung auf ritterliche Kampfweise und ritterliches gesellschaftliches Verhalten. So beschränkt sich die Bewaffnung auf Schwert, Spieß, Speer und Axt. Hinterhalt ist unritterlich, man zeigt sich vor dem Kampf mit offenem Visier. Rüstung, Schild und Pferd werden geschmückt, mit Wappen die vornehme Herkunft zur Schau gestellt. Unritterlich und deshalb tabu sind Bogen, Armbrust, Messer und später, seit dem 14./15. Jahrhundert, die Feuerwaffen. Sie sind des Teufels, mit ihnen zu kämpfen entehrt den Ritter.

Den ritterlichen Kampf trainiert er in den großen Turnieren großer Herren. Hier wird Einzelkämpfer auf Einzelkämpfer treffen. Er kämpft im vollen Ornat. Sieg oder Niederlage bedeuten schon deshalb viel, weil der Unterlegene Pferd und Rüstung verliert. Turniere sind ein großes Geschäft und ein großes Fest. Schausteller und Händler bieten ihre Dienste an. Außerdem sind die Geldverleiher dort. Sie kaufen die Turnierbeute gegen Bares, ermöglichen aber dem Geschädigten, wenn nötig und gewünscht, Kredit zum Rückkauf der verlorenen Ausrüstung. Natürlich ist das Turnier auch ein großes gesellschaftliche Ereignis mit Festen, Gottesdiensten, Minnesang und Gelegenheit zu politischen und familiären Absprachen.

3.3 Die Schlacht als Gottesurteil im Mantel christlicher Rituale

Aus solchen Rittern bestehen die meist recht kleinen Heere des hohen und späten Mittelalters. Wenn sie im Krieg eingesetzt werden, ist ihre Kampffähigkeit nicht nur durch Ritternormen eingeschränkt, sondern auch durch die aus ökonomischen Gründen nur kurze Zeit möglicher Aktivität. Der Krieg damals, strategisch nach modernem Verständnis nicht zu gewinnen, war lediglich Abnutzungskrieg auf Kosten der Bevölkerung. Da blieb letztlich nur die Entscheidungsschlacht.

Nun hat die Schlacht im Mittelalter eine völlig andere Funktion als in der Moderne. Es geht nicht darum, von Anfang an den Gegner physisch zu vernichten, sondern als Schlussakt des Krieges die Entscheidung zum Frieden, ein ‚Gottesurteil' zu erreichen. Wer die Schlacht gewinnt, hat den Krieg gewonnen. Er hat damit die Entscheidung in allen Streitfragen zu seinen Gunsten erzwungen und auf dieser Basis erfolgt der Friedensschluss.

So wie durch ein religiös durchtränktes Ritual ein Krieger zum Ritter gemacht wird, ist auch diese Entscheidungsschlacht einem strengen Ritual unterworfen. Vor der Schlacht treffen sich die Herolde beider Heerführer. Sie vereinbaren den Kampfplatz und die Zeit, wann die Schlacht stattfinden soll. Nun beginnt in jedem der Heere die religiös definierte Vorbereitung auf den folgenden Kampftag. Die Prunkkleidung, die extrem teuren Panzer, Waffen und Schilde werden abgelegt. Man trägt Büßerkleidung, vollzieht Bußübungen, geht zur Beichte, lässt sich die Absolution erteilen und legt für den Fall des Sieges Gelübde ab. Am nächsten Morgen stellen sich die Heere wie vereinbart gegenüber auf. Meistens sind sie in drei Großgruppen aufgeteilt, weil damit die Unterwerfung unter die Dreifaltigkeit Gottes symbolisiert werden kann. Die Anführer halten Reden vor ihrer Truppe mit Aufforderung zur Treue gegenüber dem Lehnsherrn und zur Tapferkeit. Dann prallen die Heere aufeinander.

Nun beginnen kein Mord und Totschlag, sondern lauter Einzelkämpfe mit dem Ziel, dem besiegten Gegner Ausrüstung, Pferd und anderen Besitz zu nehmen. Ist ein mächtiger begüterter Ritter Opfer geworden, geht es auch um Lösegeld. Vornehme Herren suchen auf dem Schlachtfeld gleichermaßen vornehme Gegner. Das Ganze dauert so lange, bis eine Seite sieht, dass die Schlacht verloren ist. Der Kampf wird abgebrochen und der Verlierer verlässt den Kampfplatz in wilder Flucht. Der Sieger kann die ganze Hinterlassenschaft des Feldlagers als Beute kassieren und versuchen, in der Verfolgung noch mehr Gefangene zu machen. Aber auch die Verfolgungsjagd hat ihre Grenzen, denn der Sieger muss die folgende Nacht auf dem Kampfplatz verbringen, weil er nur dann die Rechtsfolgen für den Frieden sichern kann. Wieder werden religiöse Übungen, Gebet und Gottesdienst notwendig, um das Ritual der friedenstiftenden Schlacht komplett und korrekt zu machen.

Wie groß die Bedeutung und wie tief verankert im Bewusstsein der Zeit die religiösen Riten als selbstverständliche Notwendigkeit vor der Schlacht waren, lässt sich an der Schlacht bei Bouvin zwischen dem französischen König Philipp und dem deutschen Otto feststellen. Der deutsche König sah einen großen Vorteil, als er das französische Heer wahrnahm, wenn er ohne alle diese Vorbereitungen mit seinen Rittern ohne Vorwarnung sofort angreifen würde. Die Franzosen überwanden die Überraschung und erfochten einen grandiosen Sieg. Ganz Europa, das davon erfuhr, war der einhelligen Meinung, die deutschen Ritter hätten die Schlacht nur verloren, weil sie die religiösen Notwendigkeiten verweigert hätten und so Gottes Zorn ihnen die Niederlage verordnet habe.

4 Die Entgrenzung der Gewalt im politischen Modernisierungsprozess

Diese unblutige Form der Entscheidungsschlacht hatte dann aber auch im 14. Jahrhundert ihr symbolisches und dann letztlich dauerhaftes Ende. Einmal war es die Schlacht bei Harnoncourt zwischen dem französischen Ritterheer und dem Heer des englischen Königs, dessen entscheidende Waffe die Bogenschützen waren, verstärkt durch unritterliche Kämpfer aus den englischen städtischen und ländlichen Unterschichten. Gegen den Hagel der schweren Pfeile mit enormer Durchschlagskraft hatten Panzer und Pferde keine Chance. Die Ritter wurden mit „Lasso" vom Pferd gezogen, den Pferden die Sehnen durchgeschnitten, so dass der Ritter vom Pferd gerissen werden konnte und in seiner schweren Rüstung auf dem Boden bewegungsunfähig war. Er wurde einfach abgestochen. In wenigen Stunden war das französische Heer vollkommen vernichtet.

Die zweite Schlacht bei Ypern in Flandern hatte das gleiche Ergebnis. Die flandrischen Städte, Teil des französischen Königsreiches, kämpften um ihre Selbständigkeit, verweigerten Gehorsam, Steuerzahlungen und Waffendienst. Ein französisches Heer, beschrieben als die Blüte des französischen Adels, sollte die Stadt unterwerfen. Der Bürgermeister sorgte dafür, dass alle kampffähigen Männer bewaffnet wurden - natürlich nicht mit ehrbaren, ritterlichen Waffen, sondern mit allem, was als Waffe gebraucht werden konnte. Organisationsprinzip waren die verschiedenen Gruppen der Stadtgesellschaft, also Zünfte, Bruderschaften, Bünde. In einer solchen Gruppe kannte jeder jeden. Es waren Organisationen, deren innere Bindekraft durch gemeinsame Feste, Gelübde, Eide und religiöse Rituale auch emotional gesichert war. Eine vorausgehende Messfeier und das gemeinsame Gebet vor dem Kampf waren damals selbstverständlich.

Aufgestellt waren die Männer weit vor den Toren der Stadt auf einer sumpfigen Wiese. Das damals beliebte Beutemachen auf dem Schlachtfeld während des Kampfes wurde unter Todesstrafe gestellt, und sollte es doch einer wagen, dürfte ihn der Nebenmann ohne Vorwarnung erschlagen.

Die ehrgetriebenen Ritter formierten sich gar nicht erst groß, sondern gingen auf dieses bewaffnete niedere Volk voll Verachtung los. Die Bürger zogen sich kämpfend zurück, konnten die einzeln anrennenden Ritter schnell vom Pferd reißen und töten. Die anderen Ritter durften diese Schande nicht ungestraft lassen, drangen mehr und mehr, aber einzeln auf die städtische Streitmacht ein und versanken mit ihren schweren Schlachtrössern und Rüstungen immer tiefer in dem sumpfigen Gelände und wurden, im Kampf aufs Schwerste gehandicapt, komplett abgeschlachtet.

Das Geschrei in der Ritterschaft war groß, weil eben nicht standesgemäß nach ritterlichen Regeln und ohne direkte Tötungsabsicht gekämpft worden war. In beiden Schlachten nahm der über 200 Jahre dauernde Versuch, bewaffnete Gewalt zu domestizieren, zu kontrollieren und ihren praktischen Einsatz möglichst schadenfrei zu halten, ein Ende. Die Gewalteinhegung beim Ritter hatte unter neuen sozioökonomischen Bedingungen ihre Grenzen gefunden, zum Schaden der Ritter. Mit der neuen Kampfweise der Bürger und Bauern betrat ein neues Gewaltpotential die Bühne der europäischen Militärgeschichte; es zu nutzen und aus guten Gründen auch wieder einzuhegen, bestimmte die nächsten Jahrhunderte. Damit ging aber auch eine hochentwickelte, vom christlichen Mythos bis ins Detail ihrer Rituale geprägte Kultur zuende. Hier musste Neues entstehen, sollten die neuen Gewaltpotentiale nicht unkontrolliert bleiben.

Natürlich erfolgte der Niedergang des Rittertums nicht von jetzt auf gleich. Noch sitzen die Herren in gut befestigten Burgen und sind dazu Herren über Land und Leute. Aber die Zentralmacht hat nun zunehmend Hilfsmittel, um die Macht der Ritter zu brechen. In Frankreich spielt sich der Prozess in Schüben, aber auch deutlich erkennbar ab. Die einzelne Ritterburg ist mittlerweile mit Belagerungsgerät, später mit den ersten Kanonen zu erobern und die Befestigung zu schleifen. Geht es um den offenen Kampf im Felde, mobilisiert die Krone nun die rechtlosen Männer aus den Vorstädten, die bereit sind, mit unkonventionellen Waffen und Kampfweisen ähnlich den geschilderten Schlachten dem Ritter den Garaus zu machen. Jetzt gibt es im Kampf kein Pardon und dafür viele Tote.

Für die Ritter sind die neuen Kämpfer Mordbanden und des Teufels. Wenn sie gut organisiert sind, sind sie auch eine prekäre Macht für die

Krone. Denn selten ist diese in der Lage, diese Truppe längere Zeit zu finanzieren. Gewaltsame Selbstbedienung ist dann durchaus üblich, mit bösen Folgen für das Land. Aber der Krone gelingt es mehr und mehr, solche Truppen längerfristig zu binden, zumal das konfiszierte Vermögen renitenter Untertanen dazu benutzt werden kann. Dieser Prozess der längerfristigen Bindung an die Krone steht und fällt mit der Fähigkeit, die Gewalt der Truppe zu disziplinieren, nicht nur intern für Disziplin, Zuverlässigkeit und möglichst auch Gehorsam zu sorgen, sondern auch den Einsatz im Kampf unter Kontrolle zu halten. Gewalteinhegung ist nun von der gesellschaftlichen Ebene auf die Truppen verlagert und ohne Rückgriff auf Mythos und Ritual nicht zu meistern.

4.1 Die Antwort: Innermilitärische Gewalteinhegung

Diese Entwicklung findet auch in einem neuen gesellschaftlichen und ökonomischen Umfeld statt. Der schwarze Tod und die Pest haben ganze Landstriche und Städte entvölkert. Beim damaligen noch geringen technischen Standard wurden für alle Arbeiten aber Menschen gebraucht. Menschenmangel stärkt nun in Städten und auf dem Land die kleinen Leute und erhöht ihre Verhandlungsmacht. Landherren und Patrizier der Städte müssen nun Zugeständnisse machen. Starke Freiheitsbewegungen erschüttern die gewohnte Hierarchie. Aufstände zeigen eine neue und starke Dynamik. Die zivilen religiös fundierten Organisationsformen von Zunft und Bruderschaft beweisen ihre Funktionstüchtigkeit auch bei gewaltsamen Auseinandersetzungen, sowohl im Innern gegenüber der Herrenschicht als auch im Kampf gegen äußere Bedrohungen, insbesondere wenn Feudalherren und Fürsten die Freiheitsbestrebungen mit Gewalt niederhalten wollen. Stadtgesellschaften sind nun in der Lage, militärische Macht mit ihrem „Bürgermilitär“, also den kampffähigen Einwohnern, zu organisieren. Städtebünde können eine erhebliche Macht mobilisieren und da sie meistens auch relativ reich sind, Söldner mieten und so den Feudalherren trotzen und ihre städtischen Privilegien ausbauen.

Sichtbar wird diese Entwicklung zunächst in Einzelereignissen und Einzelphänomenen. Sie bekommen erst im Laufe längerer Prozesse gesellschaftliche und politische Relevanz. Eine geschichtsmächtige Form entsteht nach den ersten erfolgreichen Schlachten der Schweizer gegen die Versuche Habsburgs und Burgunds, die freien Städte und Kantone der Feudalherrschaft zu unterwerfen. Kriegerisch und kriegserfahren waren die Schweizer als freie Bürger des Heiligen Römischen Reiches Deutscher Nation schon vor den Freiheitskämpfen. Sie hatten deutschen Kaisern zum Beispiel auch Kontingente für ihren Italienfeldzug gestellt. Berühmt geworden sind ihre siegreichen Schlachten von Meutand, Morgarten 1315, Sempach 1386 und Grandson und Nancy 1476/77.

Schon bald haben sich feste Strukturen gebildet, die große Ähnlichkeit mit den schon geschilderten erfolgreichen Kämpfen der Städte gegen die Ritterheere hatten. Sie gehören in die Strukturmuster dieser Aufstandsheere. Es gibt keine typisch militärischen Formationen wie wir sie aus späterer Zeit kennen. Organisationsprinzip ist die Organisation der zivilen Gesellschaft. Gekämpft haben die Schweizer in den Organisationsformen, die sie tagtäglich nutzten: Religiöse Bruderschaften, Zünfte, Genossenschaften, Dorfgemeinschaften. Im Alltag waren das ihre Lebensgemeinschaften, oft streng voneinander abgegrenzt, aber intern demokratisch verfasst. Man kannte sich, wusste, wem man vertrauen konnte und hatte meistens auch ein Gruppenleben mit religiösen und weltlichen Festen und Feiern, wobei letztere ohne religiöse Konnotationen kaum stattfanden. Dazu gehörte auch, dass eine solche Gruppe ihr eigenes Banner, die kleinen einen Wimpel hatten. Bei großen Stadt- oder Dorffesten und Prozessionen wurden sie stolz gezeigt und als Symbol der Gruppenehre besonders geschützt.

Aus solchen Gruppen setzten sich die Gewalthaufen zusammen. Es war eine Sammlung von kleinen und großen, jede mit ihrem Banner bzw. Wimpel. Zu deren Schutz gab es eine Gruppe besonders tapferer und erfahrener Krieger, denn diese Symbole der Ehre durften auf keinen Fall in die Hände der Feinde fallen. Um diese Symbole geschart wurden sie von denjenigen geführt, die auch im Alltag als Zunftmeister, Vorstand, Dorfältester oder in den Städten auch als Bürgermeister und Ratsherren Führungsaufgaben hatten. Diese Führungskräfte waren also keine ausgebildeten Offiziere, verstanden aber auch persönlich zu kämpfen und konnten sich in Kommandofragen auf den Gehorsam ihrer Kämpfer verlassen, hatten sie doch auch im Frieden das Sagen. Und für viele dieser Befehlshaber galt auch, dass sie Kriegserfahrung aus anderen Kämpfen hatten.

Der Einsatz des Schweizer Heeres wurde aber nie von einem einzelnen Befehlshaber geleitet. Vor jeder Schlacht gab es den Kriegsrat der Anführer der einzelnen Gewalthaufen. Alle Kommandeure waren gewählt. Die Hierarchie lebte also von der gemeinschaftlichen Zustimmung und Verantwortung.

So wie das Alltagsleben in Friedenszeiten religiös geprägt war, war auch die religiöse Einbindung selbstverständlich. Täglich wurde die Messe gelesen, besonders aber am Morgen vor der Schlacht. Priester begleiteten also die Kämpfer und vor Beginn der Schlacht knieten diese auf dem Schlachtfeld nieder und beteten um den Sieg oder einen ehrenhaften Tod. Wie früher die Ritter in der Schlacht als Gottesurteil bleiben auch die siegreichen Schweizer drei Tage auf dem Schlachtfeld.

Der schweizer Soldat untersteht einer strengen Disziplin, Straftaten werden intern abgeurteilt inklusive Todesstrafe, die während eines Feldzuges durch Enthaupten mit dem Schwert vollzogen wird. Sowohl diese Gerichtsbarkeit ist geregelt wie auch der Pflichtenkatalog des Soldaten. Dass er tapfer bis zur Selbstaufgabe zu kämpfen hat, gilt als selbstverständlich. Streng sind aber auch die Forderungen nach Disziplin und Gehorsam gegenüber den Kommandoinhabern. Wie aber die idealen Forderungen an den Ritter gelten auch hier der Schutz von Frauen, Kindern, Kirchen und Geistlichen als strenge Gebote und auch das Plündern ausschließlich mit Erlaubnis. Beute soll beim Führer des Gewalthaufens abgeliefert und gleichmäßig unter die Kämpfer verteilt werden.

Erfolg im Kriegsdienst hat auch manchen Erfolg im Zivilleben gezeitigt. Mit dem Aufkommen und der Ausweitung des schweizer Söldnerwesens haben sich viele auch zu erfolgreichen Militärunternehmern entwickelt, die eigene Truppen für die jeweiligen Kriegsherren anwarben und aufstellten. Diese Schweizer Verbände wurden also nicht mehr in der traditionellen Form organisiert, weil nun der Reisläufer mit dem Kriegsunternehmer einen individuellen Vertrag abschloss, jeder Haufe also aus solchen Individuen zusammengesetzt war. Das ermöglichte auch eine rationalere Zusammensetzung eines solchen schweizer Haufens, insbesondere im taktischen Einsatz der verschiedenen Waffen. Standard wurde eine Einheit, in der die Langspieße das Feld dominierten. Die anderen Waffenträger hatten ihren Platz im Innern eines solchen Haufens, der eine Breite von 50 Pikenieren und eine Tiefe von 40

Kämpfern hatte. Diese Formation hatte sich schnell aus Erfahrungen entwickelt.

Im Prinzip brauchten diese Militärunternehmer neben den notwendigen Finanzen auch die Genehmigung der jeweiligen Kantone. Diese hatten aber durchgesetzt, dass für solche Soldtruppen in fremden Diensten das schweizer Kriegsrecht galt. Vergehen oder Verbrechen eines schweizer Söldners wurden also nach schweizer Recht innerhalb seiner Truppe abgeurteilt. Das Recht des Kriegsherrn galt für schweizer Söldner in einem schweizer Verband also nicht. Dies und die in der damaligen Zeit unübliche und bewunderte Disziplin der schweizer Truppen im Kampf machten sie über eineinhalb Jahrhunderte zum erfolgreichsten und gefürchtetsten Militär. Sie waren deshalb in Vielem Vorbild für ihre spätere, gehasste Konkurrenz, die Landsknechte.

Schweizer Truppen waren zwar gut und sehr gefragt, aber sie waren auch teuer. So versuchten erste Unternehmer mit Soldaten aus dem deutschen Südwesten, also dem heutigen Baden-Württemberg, Rheinland-Pfalz, Elsass, Lothringen und Bayrisch-Schwaben, solche Truppen aufzustellen und zu vermieten. Da auch Reisläufer angeworben und wenige Flachlandbewohner in schweizer Haufen gedient hatten, die Schweizer auch sonst unangefochtenes Vorbild waren, haben sich diese Landknechtsverbände nach ersten Fehlschlägen etabliert und durchgesetzt. Sie wurden mit der Zeit gefürchtete und gehasste Konkurrenz, was sogar zum Krieg zwischen beiden Gruppen führte.

Da diese Truppen ja neu errichtet wurden, konnte man nicht nur viel von den Schweizern lernen und übernehmen, man hat aber auch die Gelegenheit genutzt, die innermilitärische Ordnung neu zu justieren. Im Prinzip lief die Entwicklung darauf hinaus, dass sich die einfachen Soldaten geradezu gewerkschaftlich organisierten, ihre eigene Gerichtsbarkeit entwickelten, die bis zur Todesstrafe eine innermilitärische Angelegenheit blieb. Landsknechte hatten so eine starke Stellung gegenüber dem Unternehmer und sie waren in der Lage und willens, ihre Interessen auch durchzusetzen, insbesondere wenn es um ihren oft ausbleibenden Sold ging. Die Folgen konnten furchtbar sein, wie das extremste Beispiel, der Sacco di Roma gezeigt hat, der zum Fanal schlimmster Plünderungen und Kriegsverbrechen wurde.

Den Landsknechtssöldner aber nur für einen gewissenlosen Kämpfer zu halten für jeden, der genug bezahlen konnte, ist zu wenig. Sie haben sich durchaus als Soldaten des deutschen Reiches und des Kaisers gesehen. Der Zusammenhalt hat auch wie beim schweizer Soldaten eine religiöse Verhaltensfundierung. Man kniete nicht nur vor der Schlacht nieder, küsste den Boden und betete. Auch die Vertragstreue und das moralische Verhalten untereinander ist bestimmt von der allgemeinen christlichen Normierung der Zeit. Der Schwur unter Anrufung Gottes und der Heiligen hatte eine so große Bindekraft, dass auch bei ausbleibendem Sold über längere Zeit der Dienst aufrechterhalten wurde. Vor der Schlacht aber wollte auch der Landsknecht seinen Sold haben.

Es sind genaue Aufstellungen über die Organisation solcher Regimenter erhalten, aus denen man erschließen kann, dass diese Regimenter eine gut organisierte Einrichtung waren. Die Forschung hat alles dieses detailliert aufgearbeitet. Auch, dass ein solcher Unternehmer und Kommandeur sehr wohl in ständiger Sorge wegen der Aufmüpfigkeit und Aggressivität dieser Kriegsknechte war. Deshalb wurde ihm vom Auftraggeber eine stattliche Zahl von gut bezahlten Hilfskräften und Soldaten zu seinem persönlichen Schutz zugestanden. Außerdem musste er auch für einen Kaplan pro Einheit sorgen und für geregelten Gottesdienst.

Für unsere Zeit zeigt sich darüber hinaus eine kaum nachvollziehbare religiöse Grundierung dieses Soldatenlebens. Dazu gehört auch, dass man nach dem Sieg drei Tage auf dem Schlachtfeld verblieb, weil immer noch die Vorstellung selbstverständlich war das Ergebnis der Schlacht sei ein Gottesurteil. Eine dichtere Bestätigung des ungebrochenen christlichen Mythos als Verknüpfung von Gottesurteil und Schlachterfolg kann es beim Militär nicht geben.

Reisläufer – Schweizer Söldner überqueren die Alpen. 1509.

Beide Militärformen, die Schweizer wie die Landsknechte, sind an ihren eigenen Erfolgen langfristig gescheitert. Das schweizer Söldnerwesen hat sich von der vernichtenden Niederlage bei Marignano gegen das französische Heer nicht mehr erholt. Die Landsknechte sind nach und nach dem Druck der Kriegsherren und ihrem sozialen Niedergang erlegen. Hauptgrund ist die Geldentwertung der Zeit bei gleichbleibendem Nominalsold. Die allgemeine Not, vor allem im übervölkerten Südwesten des Reiches zwang sie, die zunehmende Disziplinierung und den stückweisen Verlust der Eigenständigkeit hinzunehmen.

Beide, Landsknechte wie die Schweizer Heere und einzelnen Haufen haben unter dem Zwang, gegenüber den Ritterheeren zu bestehen, Organisationsformen gefunden, die sie als Corpora eigenen Rechts bis ins Einzelne ausdifferenziert befähigten, die Gewaltfähigkeit und Gewalttätigkeit im Inneren ihrer Organisation zu kanalisieren. Sie wurden dadurch militärisch und politisch halbwegs kalkulierbare Institutionen und damit rational einsetzbar. Dabei waren die Landsknechte gelehrige Schüler und haben im 16. und frühen 17. Jahrhundert die Schweizer an Bedeutung übertroffen.

4.2 Farben, Kleidung und Militär

Der moderne Mensch assoziiert mit Militär Uniformen, Dienstgradabzeichen, Mütze und Helm. So wie es heute oder in der erinnerten Zeit der letzten hundert Jahre aussieht, gibt es alles das erst seit 250 Jahren, und dann auch nicht komplett und in unserem Verständnis. Es lohnt sich deshalb die Tatsache zurück zu verfolgen, dass Militärkleidung sich über Jahrhunderte von der Zivilkleidung nur marginal unterschieden hat.

Uniformen haben viele Menschen fasziniert, und so gibt es nicht nur große Sammlungen davon in Militärmuseen, sondern auch eine umfangreiche wissenschaftliche und populäre Literatur. Alte Uniformen faszinieren vor allem durch ihre Farbigkeit und ihre Ausschmückung zum Beispiel mit Schärpen, aufwendigen Stickereien, glänzenden Schulterstücken und prächtigen Wehrgehängen. Auffällig sind einige Farben und schmückende Zutaten wie auch die Kopfbedeckungen.

Kleider, Farben und Schmuck sind nicht nur Tatsachen als solche, sondern stark mit symbolischer Bedeutung beladen. Auch heute ist es ein Unterscheidungsmerkmal, ob Männer, vor allem Frauen, sich die Kleidung der neuen Mode leisten können, ob sie im dreiteiligen Anzug erscheinen oder ob Frauen Schneiderkostüme oder sogar edle Designermode tragen. Heute ist das im Normalfall eine Frage persönlichen Geschmacks oder der hinreichenden Finanzen. Trotzdem lässt sich davon Sozialstatus ablesen.

In historischer Zeit sind aber Kleidung, deren Farben und dazugehöriger Schmuck hochgradig mit Symbol- und Statuszuweisung verbunden. Geht man aber ins Grundsätzliche, so muss festgehalten werden, dass das menschliche Bedürfnis, sich auf bestimmte Art zu kleiden und danach zu verhalten, quasi in den Genen vorstrukturiert ist. Auch wenn es despektierlich oder übertrieben zu sein scheint, der Ausgangspunkt der Überlegung liegt im Verhalten unserer Vorfahren bei den Primaten. Die Verhaltensforschung über Schimpansen hat da ein signifikantes Merkmal und seine Bedeutung für die Hordenstruktur entdeckt. Es geht um die Silbernacken, die alten dominierenden Männchen in der Gruppe. Das Männchen, alt, stark und durch die grauen Nacken- und Schulterhaare gekennzeichnet, ist unangefochtener Boss. Sollte ein anderer Schimpanse die Position anstreben, muss er sich auf einen extrem harten Kampf einstellen, den er kaum gewinnen kann. Dann geht nur die Unterwerfung. Erst Händeschütteln gibt Frieden. Wer keinen Streit haben will, hebt eine Hand zum Gruß, im Prinzip das, was wir heute noch tun.

Interessant ist nun aber ein Experiment, das auch Kulturgeschichte erklären kann. Die Forscher haben ein Jungtier einfach im Nacken- und Schulterbereich weiß gefärbt und sofort wurde das Tier als Boss akzeptiert. Erhielt es noch zusätzlich ein Lärminstrument, mit dem es beliebig Krach machen konnte, war seine Macht in der Gruppe noch größer. Alter und Stärke wurden weniger wichtig. Stärke, Alter und weiße Farbe gehören also als feste Größen zur Symbolik der Macht, wobei die weiße Farbe eine dominierende Größe ist.

Farbe braucht Kleidung, um sichtbar zu werden, und Kleidung ist ebenso symbolbeladen wie die Farbe. Besonders deutlich wird das bei Fest- und Ritualkleidern. Auffällig ist vor allem eine Struktur, die den Zeremonialkleidern im religiösen Bereich zukommt. Grundform ist dabei das Kreuz, allerdings nicht unbedingt das christliche Kreuz, denn wenn man den segnenden Priester und den sibirischen Schamanen im Schattenriss von hinten sieht, ist kaum ein Unterschied zu sehen. Beide tragen ein Kleid, das weit ist und Körperfülle zeigt, die Ärmel des Kleides sind überproportional weit und der Kopf wird durch einen wie auch immer gearteten Schmuck verlängert und muss Körpergröße simulieren. Ob das nun in Sibirien mit Pflanzenteilen oder ausgestopften Tieren erfolgt oder beim Bischof im Hochamt mit seinem Kopfschmuck, beim Papst die Tiara, der Krönungsornat des Monarchen - alle senden die gleiche Botschaft: Macht, Status und deren religiöse Verankerung. Betont wird die Bedeutung noch durch den besonderen Schmuck solcher Kleider mit Gold- und Silberstickereien, Einfassung mit Perlen und Edelsteinen sowie durch kostbar gearbeitete Insignien, wie Krone, Tiara, Reichsapfel, Zeremonialschwert und Herrscherstab. Im gesellschaftlichen Alltag finden sich die gleichen Tendenzen in einfacher, abgeschwächter Form. Dazu gehören Amtsinsignien wie die Bürgermeisterkette oder Schärpen. Natürlich unterscheidet sich die Qualität der Kleidung nach Status und Finanzmitteln.

Oberst v. Bauer 1634, mit modischem Kragen

Bayer. Tambour, um 1720.

Die ersten einheitlichen Kleidungsstücke bei Soldaten sind die im Mittelalterkapitel beschriebenen weißen Stücke der Tempelritter. Das war nur möglich, weil es sich um eine Ordenstracht handelte, die einem zivilen Orden nachgebildet worden war und im Selbstverständnis ihrer Träger die religiöse Bedeutung der Kleidung im Mittelpunkt stand und nicht irgendein militärischer Aspekt. Der weltliche Ritter kleidete sich nach wie vor nach der Mode seiner Zeit und nach eigenem Geschmack und Geldbeutel.

Mit Aufkommen der Bürger- und Bauernheere in den Aufstandsbewegungen, die auch der Ritterschaft ihre Bedeutung nahmen, sind diese Kämpfer so gekleidet wie sie ihrer Arbeit in der Werkstatt oder auf dem Acker nachgegangen sind. Auch die Bewaffnung ist individuell, quasi zweckentfremdetes Werkzeug. Es gibt keinerlei Einheitlichkeit.

Die Grundtendenz bleibt auch bestehen, seit sich gut organisierte Söldnerheere gebildet haben. Auch hier gilt individuellere Kleidung. Sie wird aber unter den Berufszwängen deutlich militärischer. Da der Söldner sich dem Auftraggeber möglichst attraktiv anbieten, sich auch von der Konkurrenz abheben musste, wurde die Kleidung aufwendiger und typischer. Von Bildern sind uns die aufgebauschten Ärmel des gepolsterten Wamses, die Pluderhosen und der große hohe Hut geläufig. Allmählich spezialisiert sich der Söldner auch in der Bewaffnung. Hier sind uns vor allem die großen Blöcke der Pikeniere auf den alten Schlachtgemälden vertraut. Uniformen gibt es da immer noch nicht. Von alten Bildern und Stichen kennen wir aber Söldnerkleidung in ihrer bunten Vielfalt der jeweiligen zivilen Mode entsprechend. Vertraut sind auch die Bilder von schweizer Söldnern mit ihren rot-weiß gestreiften Pluderhosen, wie sie heute noch die Schweizer Garde des Papstes trägt. Ursprünglich war es ein Zeichen besonderer Verdienste, dass dafür dem Geehrten zwei Stück Stoff, nämlich in rot und weiß verehrt wurden, damit der sich daraus Hosen in den Schweizer Farben machen lasse. Zur Uniformierung reichte diese Sitte aber noch nicht. Grundtendenz bleibt die Bevorzugung von allem, was größer macht und dazu ist besonders der große Hut geeignet. Schutzhelme werden dagegen kaum genutzt. Aber der Hut wird aufwändig gestaltet mit Federbüschen, Fell und anderem Zierrat.

Chevauchet: Großmeister Jacques de Molay, Lithograpie, 19. Jahrhundert

Deutsche Landsknechte.

Deutsche Landsknechte des 16. Jahrhunderts

Kur-Brandenburg.

Grenadier-Unteroffizier. Grenadier. Grenadier-Offizier.

Infanterie-Regiment Fürst Leopold von Anhalt-Dessau.

(1806 Inf.-Rgt. v. Renouard No. 3.)

1698.

Das im Jahre 1665 errichtete Regiment wurde 1693 das Leib-Regiment des „alten Dessauer".

In der Uniform, die unser Bild zeigt, focht das Regiment in den Jahren 1703–1706 bei Bonn, Höchstädt, Cassano, Calcinato, Turin und in einer Reihe andrer Schlachten und Gefechte mit grosser Auszeichnung.

Nach langer ruhmreicher Geschichte fand das Regiment in der Katastrophe von 1806 seine Auflösung.

Inf. Regiment Nr. 3, Kur-Brandenburg/Preußen 1698

Erst im ausgehenden 17. Jahrhundert kommen Uniformen auf. Vorreiter ist wieder Frankreich, zunächst nur bei Gardetruppen. Die Ausstattung mit Uniformen dauert lange, denn die dazu notwendigen einheitlichen Stoffe können nur nach und nach in der erforderlichen Menge und Qualität hergestellt werden. Bekannt ist, wie sehr sich der Soldatenkönig um Wollproduktion und Wollstoffmanufakturen in seinem Staatsgebiet bemüht hat. Es war systematische und privilegierte Wirtschaftsförderung.

War zunächst also nur die Uniformproduktion begrenzt, stellte sich bald auch die Frage nach den Farben. Einheitliche Farbe für ein Regiment zum Beispiel war notwendig, um die eigene Truppe im Pulverdampf der Schlacht von den feindlichen Kräften unterscheiden zu können. Bald war aber auch die Farbe nicht nur praktisch oder ästhetisch von Bedeutung. Im Religionskrieg war es naheliegend, ihr eine konfessionelle Rolle zuzuweisen. Hier wird erstmals wieder Religion wirksam. Mit der Zeit werden die Soldaten der katholischen Mächte in ein helles Grau gekleidet, auch weil es einfach und billig war. Bei regelmäßiger Wäsche wird dieses Grau immer heller, fast weiß. Rot, Grün und Blau sind die Farben der Lutheraner und Reformierten. Rot wird von den Skandinaviern bevorzugt und Grün ist die Farbe der russischen Infanterie. Blau wird bald die dominante Farbe preußischer Uniformen, auch weil mit der im Thüringischen produzierten Färberpflanze Waid eine kostengünstige Produktion möglich war. Diese Farbe wurde auch von anderen deutschen protestantischen Kräften übernommen.

Die Form der Uniform bleibt lange der französischen Mode verpflichtet. Für einzelne Truppen wird der Schmuck bunter. Farbige Stickereien mit Tressen und Kordeln kommen hinzu. Soldaten mit besonderen Aufgaben tragen die „Feldbinde“ (Schärpe), so auch die Offiziere. Rot ist ihre Farbe bei den „Kaiserlichen“, die Protestanten sind bei den Farben nicht festgelegt. Außer dem Ringkragen aus Messing, der poliert goldfarben schimmert, ist die Schärpe das einzige sichtbare Rangzeichen des Offiziers.

Ein weiteres Merkmal, das wieder religiös geladen ist, ist der Soldatenzopf. Er ist definitiv protestantisch und so auch preußisch. Es wurde ein heute unverständlicher Aufwand darum getrieben. Das Haar wurde streng nach hinten gekämmt und bei zu schwachem Haarwuchs sogar mit Perückenhaar ergänzt. Es brauchte viele Stunden für seine Pflege.

Katholische Soldaten ließen ihr Haar natürlich wachsen. Auf so unterschiedliche Köpfe gehörten auch unterschiedliche Kopfbedeckungen. Aus der Tradition und der Mode der Zeit entwickelte sich ein großer Hut mit breiten Krempen, der auf typische Weise in Form geknickt wurde. Er wurde die Kopfbedeckung katholischer Soldaten. Bei den Protestanten war eine hohe, spitze Mütze die Regel. Auf ihrer Vorderseite prangte ein getriebenes und verziertes Messingblech, in das die Initialen des Regiments oder des betreffenden Fürsten eingraviert waren. Weder die Mütze mit dem spitz zulaufenden Stirnblech noch der große Hut sind wirklicher Schutz im scharfen Gefecht. Sie haben repräsentative Funktion für den ästhetischen Auftritt. Helme werden erst in den letzten Jahren des 18. Jahrhunderts ernsthaft diskutiert. Typisch für eine Elitetruppe, die Grenadiere, die die Sturmtruppen bei Belagerungen waren, war die hohe Pelzmütze.

Mit Beginn der Herrschaft des Soldatenkönigs ändert sich auch die preußische Uniform. Bisher lag der Soldatenrock eng am Oberkörper an, war dort zugeknöpft, hatte aber einen sehr weiten und aufwendig geschnittenen Rock, der im Rücken nach der Mode der Zeit sogar in Falten gelegt war. Diesen Materialaufwand schaffte der Soldatenkönig ab. Die Uniform wurde schlank geschnitten, der Rock zu knappen Schößen ähnlich den Frackschößen späterer Zeit. Die Materialersparnis war bei den immer zahlreicher werdenden Soldaten allein der preußischen Truppen so groß, dass dieser Uniformschnitt auch von anderen protestantischen Fürsten übernommen wurde. Die traditionelle aufwendigere Uniform blieb katholisch.

Der Uniformtyp, der dann bis ins 20. Jahrhundert als Ausgeh- oder Paradeuniform bekannt ist, entstand erst in der Umbruchszeit seit der französischen Revolution. Bestimmend wird die Orientierung an aufwendigem Schmuck vor allem der Offiziersuniformen und dabei die in silber- und goldfarben gefassten Schulterstücke. Aufwändige Epauletten schmückten nicht nur ihre Uniformen, sie springen uns auch aus ihren Portraits ins Auge.

Repräsentative Uniformen sind im 19. Jahrhundert nur als Ausgeh- und Paradeuniform üblich. Eine für den Felddienst, für die Schlacht, entsteht erst mit dem sogenannten Feldgrau im Ersten Weltkrieg. Da verschwinden auch die weithin glänzenden Achselstücke. Aber im 18. Jahrhundert sind die Soldaten in der ihre religiöse Bindung dokumentierenden Paradeuniform in die Schlacht gezogen.

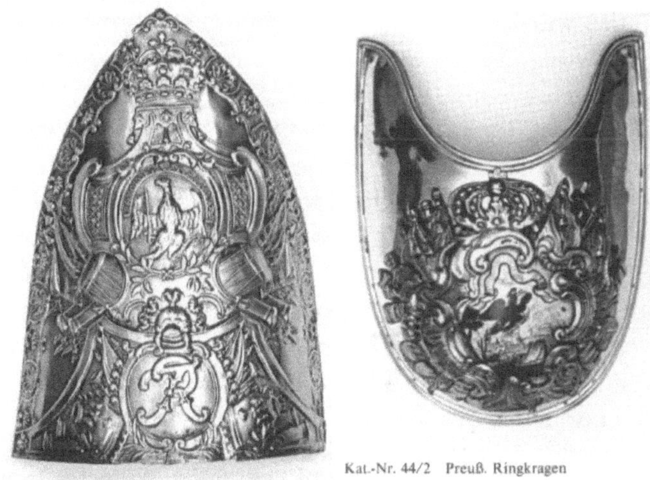

Grenadiermützenblech, daneben: Bayreuther Ringkragen

5 Mechanisches Weltverständnis und Mythos gesteuerte Militärmechanik

Das bestialische Austoben der Landsknechte im Sacco di Roma, die Brutalisierung der Kriegsführung im Freiheitskampf der Niederlande sowie die Vernichtung der Aufständischen im deutschen Bauernaufstand erscheinen vor dem Hintergrund der Erfahrungen im Dreißigjährigen Krieg wie das Wetterleuchten einer dann vollständig entfesselten Kriegsführung. Aus einer Thronfolgefrage wird schnell ein Religionskrieg, der sich in einen allgemeinen völlig entfesselten Machtkampf auswächst. Hauptkriegsschauplatz ist Deutschland und dort vor allem das Gebiet von Rheinlandpfalz, Hessen, Thüringen und Mecklenburg-Vorpommern. Über zwei Drittel der Bevölkerung wird dort abgeschlachtet, ausgeplündert und terrorisiert. Wer das Militär überlebt, stirbt durch Seuchen, Hunger und andere Krankheiten. Selbst nach dem Frieden von Münster ziehen noch unkontrollierbare Reste der Armeen durchs Land und versuchen, die gewaltsame Ausbeutung der Zivilgesellschaft auf eigene Faust fortzusetzen. Diesen Zustand endgültig zu beenden und ein neues System der Gewaltkontrolle und Gewalteinhegung zu errichten, ist Hauptmotiv und handlungsbestimmend für die großen Territorialherren.

Hatte sich der technische Erfindungsgeist im Militär auf die Verbesserung der Waffen und der Befestigungsanlagen verlegt, so ist zivilgesellschaftlich eine neue Sicht auf die Welt entstanden. Die neue Erklärung des Sonnensystems versteht sich als Himmelsmechanik, neue Belagerungsmaschinen bedürfen guter Kenntnisse in Mechanik, und der sich langsam durchsetzende Absolutismus versteht Gesellschaft und Herrschaft als Mechanik und deren Bedienung. Fasziniert ist man von der Ingenieurkunst, mit deren Hilfe man die Wasserspiele in den Fürstengärten betreiben konnte. Mechanische Demonstrationsobjekte fesseln die gute Gesellschaft und die Spitze mechanischer Kunst ist die Produktion genauest arbeitender Uhren, je kleiner und genauer umso mehr bewundert. Kostbare Uhren aus dieser Zeit kann man heute noch unter den Ausstattungsstücken fürstlicher Schlösser bewundern. Als es einem Londoner Uhrmacher gelingt, eine Uhr zu konstruieren, die eine Weltumseglung nur mit minimaler Zeitabweichung übersteht, ist das interessierte Europa voller Staunen. Besonders aber die Kapitäne der Überseefahrt atmen auf, weil endlich die Ortsbestimmung auf hoher See geradezu unerhört genau möglich ist.

So ist es auch kein Wunder, dass die Herren auch beginnen, über ihre Streitmacht als eine mechanische Maschinerie nachzudenken, in der Hoffnung, ein Instrument zur Gewalteinhegung zu erhalten, das nach einem mechanischen Regelwerk vom Fürsten in Gang gesetzt und wieder abgeschaltet werden kann. Natürlich braucht eine solche Menschenmaschine verschiedene Teile, also Truppenformationen, die einzeln genau definiert sind, wie an bestimmten Scharnieren die Rollen reibungslos ineinandergreifen. Und sie müssen die verschiedenen Waffensysteme rational einsetzbar machen.

Nun ist aber zu bedenken, dass diese so verfassten Formationen nicht nur eine auf bestimmte Art und Weise konstruierte Organisation sind. Ein solches organisatorisches Element ebenso wie die Organisationen als Ganzes sind im Verständnis der Zeit Corpora. Ein solcher Corpus bedeutet, dass er wie bei einer Einzelperson als ein individueller Körper verstanden wird. Der einzelne Soldat im Corpus ist per Definition nebensächlich. Der kann durch Krankheit sterben oder im Gefecht fallen - der Charakter seiner militärischen Einheit bleibt davon unberührt. Die Person kann ersetzt werden. Auch wenn eine solche Einheit im Gefecht nahezu komplett aufgerieben wird, wenn zwei oder drei ihrer Soldaten überleben, hat der Corpus überlebt. Man wird die gefallenen Soldaten ersetzen und der Corpus lebt weiter.

So ist die historische Tatsache zu erklären, dass es in der europäischen Militärgeschichte Regimenter gibt, die in ihrem Selbstverständnis als Corpus erhalten blieben und so ein Jahrhunderte dauerndes Leben führten. Ein Corpus ist also ein ganzheitliches, lebendiges Individuum. Das hat zu der zunächst unverständlichen Einrichtung der sogenannten überkompletten Soldaten in der preußischen Armee des 18. Jahrhunderts geführt, denn der nach dem System der heiligen Zahlen konstruierte Corpus sollte in voller Symbolstärke in die Schlacht gehen. Wären durch Krankheit oder Unfall einzelne Soldaten der Formation ausgefallen, konnte man so die heilige Ordnung wiederherstellen.

Dieses Corpusverständnis ist keine militärische Marotte, es durchzieht die gesamte christlich dominierte europäische Geschichte. Die Korporationen der Zünfte, Bruderschaften und Orden sind so zu verstehen, selbst die Kirche als Gesamtorganisation wird als Corpus verstanden, als Corpus Christi. Ihre organisatorischen Teile sind ihre Glieder wie Arme und Beine bei Menschen und der Kopf wird mit der Organisation der Kurie gleichgesetzt.

Das gleiche gilt später für die Stände in ihren parlamentsähnlichen Vertretungen. Dieses Verständnis ist eine der Ursachen für die nach heutigen Maßstäben große Schwerfälligkeit korporativ verfasster Gremien. Bestand ein solches Gremium aus verschiedenen Corpora, so konnte bei Entscheidungen in diesen ein solcher Corpus nur mit einer einzigen Stimme votieren. Die unterschiedlichen Interessen in einer solchen Organisation mussten also vor der Gesamtentscheidung, der Abstimmung im „Plenum", austariert sein. Individuelle Abweichungen von diesem Muster waren nicht möglich, Blockaden innerhalb eines solchen Corpus deshalb häufige Folge. Die berühmteste Auflösung einer solchen möglichen Blockade ist der Beginn der Französischen Revolution 1789, indem ein Corpus, nämlich der Dritte Stand, sich als Gesamtvertreter der Nation deklariert und damit die korporative Verfasstheit auflöst.

Dieses Verständnis nötigt, die Form der Teile und deren Zusammenspiel im Mechanismus zu definieren. Willkürliche Abweichungen sind dabei unzulässig, weil sie das rationale Zusammenspiel unmöglich machen. Organisationsreform ist also dringend geboten. Aber die Organisation besteht aus lebendigen, nur schwer zu disziplinierenden Menschen. Deren Eigenwille muss also gebrochen werden, damit sie sich dem Zwang der Militärmechanik fraglos unterwerfen. Kann man das bei den Mannschaften noch mit dem brutalen Drill erreichen, braucht man aber an den Scharnieren Spezialisten, also Offiziere, die die Mechanik so weit begreifen, dass sie auch ohne Murren die Funktionen und das Zusammenspiel der Teile meistern.

Das ist keine leichte Aufgabe, denn die Menschen, die diese Maschine darstellen sollen, sind nicht besonders willig Soldat zu sein. Außerdem haben die Fürsten nur sehr beschränke finanzielle Möglichkeiten. Wirtschaftsförderung ist deshalb vonnöten und das heißt unter den Bedingungen der Zeit nach dem 30jährigen Krieg vor allem, alle diejenigen in Ruhe arbeiten zu lassen, die die Wirtschaft voranbringen: die Gewerbetreibenden und die Landwirte. Man ging regelrecht auf die Jagd nach Obdachlosen, Arbeitslosen, Landlosen, Tagelöhnern und vagabundierenden Männern. Diese hatten nie eine Schule von innen gesehen, als Analphabeten waren sie nur über Bilder und mündliche Ansprache erreichbar. Sie waren disziplinlos, weil nie einer Disziplin unterworfen, kannten keine Ordnung und kein systematisches einheitliches Handeln.

Sie wurden also gepresst, dadurch einer Ordnung und einem Rechtssystem unterworfen, das uneingeschränkten Gehorsam verlangte, mit brutalen Methoden die Menschen quasi abrichtete. Deserteure wurden mit berittenen Greiftrupps wieder eingefangen und schlimm bestraft. Trotz aller Unsäglichkeiten aus heutiger Sicht war das System aber auch für viele mit der erstmalig im Leben gemachten Erfahrung verbunden, regelmäßig etwas zu essen zu bekommen, Schuhwerk zu erhalten und auch zum ersten Mal eingekleidet zu werden und nicht in Lumpen herumlaufen zu müssen. In einer Zeit, in der bei einer Missernte bis zu 40% der Bevölkerung vom Hungertod bedroht waren, war das nicht wenig und es ist überliefert, dass in Hungerzeiten auch Menschen freiwillig ins Militär eintraten, wie zum Beispiel eine Operntruppe mit Instrumentalisten, Sängern und der gesamten Intendanz sich in Südfrankreich dazu entschloss. Die Maschinerie Militär kann man so mit Menschen füllen.

Alles Mechanische und das Technikverständnis der damaligen Moderne dürfen aber nicht darüber hinwegtäuschen, dass das Grundmuster des Weltverstehens immer noch der christliche Mythos und seine konkrete Ausformung im christlichen Ritual ist. Dieses Ritual ist die Klammer, die den Soldaten emotional bindet und verpflichtet. Da es sich um religiöse Bindung, um religiös begründete Forderungen handelt, kann sich der einzelne auch kaum entziehen. Es musste auch der Drillmeister und der Offizier über Bilder und Bilderfolgen instruiert werden, da das Ritual in der ganzen Armee einheitlich vollzogen werden sollte. Der bis in die Spitzen der Gesellschaft verbreitete Analphabetismus machte das nötig.

5.1 Rituale, Religion und Militär: Gebet, Schwur, Fahne

Es ist hier nicht der Ort, alle Exerzierreglements in ihren Einzelheiten und Varianten zu schildern, aber einige besonders aussagekräftige sollen doch genauer beschrieben werden, wie sie für das österreichische Heer verfasst wurden. In dieser Dienstvorschrift für das österreichische Heer von 1749 wird nahezu das gesamte religiöse Leben des Heeres und die Einheitlichkeit für die gesamte Armee dekretiert. „Von der Kirchenparade" regelt den Sonntagsgottesdienst der Truppe, auch den Wachdienst an der Kirchentür, damit niemand sich während des Gottesdienstes davon machen kann. „In dem Fronleichnamstag" wird die Fronleichnamsprozession im Detail geregelt. Dann gibt es ein ganzes Kapitel darüber, wie sich Soldaten bei Begegnungen mit Geistlichen zu verhalten haben. Hier wird eine Unterwürfigkeit verlangt, die über das innermilitärische Maß hinausgeht. Im Kapitel „In dem grünen Donnerstag" geht es um militärische Rituale zur Vorbereitung des Auferstehungsfestes Ostern.

Im Einzelnen werden im zweiten Band der Dienstvorschrift wegen der Analphabeten durch eine Bilderfolge viele Aktivitäten im Detail beschrieben. Dazu gehören auch die im Folgenden beschriebenen Rituale von Gebet, Eid und Fahnenspiel (Illustrationen im Anhang). Zunächst wird als erstes Beispiel die Zeremonie des gemeinsamen Gebetes detailliert beschrieben und in einer Bilderfolge konkretisiert, danach soll der Ablauf des gemeinsamen Eides erläutert werden. Eid und Gebet gehören zusammen, weil mit ihnen die religiöse Bindung des Soldaten gefestigt werden kann.

Der moderne Mensch definiert ein Gebet wahrscheinlich als ein persönliches Gespräch mit Gott oder in katholischer Tradition mit einem der heiligen Fürsprecher. Er wird im privaten Umfeld oder in einer Kirche beten und während eines Gottesdienstes auch ein gemeinschaftliches, dem Text nach bekanntes Gebet sprechen. Das Reglement des österreichischen Heeres sieht aber ein gemeinschaftliches Ritual vor. Auf ein Signal der Trommel haben sich die Soldaten mit ihrer Waffe niederzuknien. Und damit der Vorgang ästhetische Norm erfüllt, ist die Handhabung der Waffe in der Rechten und das Knien mit dem rechten Bein vorgeschrieben. Der Tambour hat wie die Beter beim Knien die

Kopfbedeckung abzunehmen und vorschriftsmäßig während des Gebetes abzulegen. Damit auch das letzte Detail festgelegt ist, werden die Vorgänge je nach Bewaffnung beschrieben und auch das Wiederaufstehen durch Trommelschlag befohlen und im Detail gezeichnet. Die besondere Bedeutung des Tambours wird dadurch sichtbar gemacht, dass er wie die Offiziere eine Schärpe trägt.

Eine solche öffentliche religiöse Aktion bedarf auch der Hervorhebung. Jede größere Formation hat als Ehrensymbol ihre Fahne, die aber nicht nur ein Zeichen oder Symbol im Verständnis unserer Zeit ist, sondern die Inkarnation der Ehre dieses Verbandes. Der Fahnenjunker hält sie in der Halterung am Leib mit beiden Händen senkrecht, wobei die linke das Tuch gerafft in Schulterhöhe zusammenhält. Er kniet nieder, indem er den unteren Teil unter den rechten Arm nach hinten wendet und die Spitze der Fahnenstange auf den Boden schräg vor sich stellt. Dann hat er mit der linken den Hut abzunehmen und auf dem linken Knie festzuhalten. Beim Aufstehen setzt er sich zuerst den Hut wieder auf, weil er für die Fahne beide Hände braucht und präsentiert wieder die Fahne und kann nun seine Rechte frei hängen lassen.

Der gemeinschaftliche Schwur der Truppe wird genauso beschrieben, denn der Schwur wird im Stehen abgelegt und die Handhabung der Waffe ist deshalb etwas umständlicher. Zunächst muss der Soldat die präsentierte Waffe senkrecht vor dem linken Fuß aufstellen. Dann wird gezeigt, dass die Handhaltung verändert werden muss und wie der Hut abzunehmen und zu halten ist, woraufhin erst die Schwurhand gehoben werden kann. Bei den Musketieren ist die Besonderheit, dass die Fellmütze aufs Bajonett platziert wird. Nach dem Schwur wird die gleiche Prozedur rückwärts mit gleicher Akribie dargestellt. Die Kommandos für den ganzen Vorgang kommen vom Tambour auf der Trommel, er schlägt erst das Kommando, dann muss auch er seinen Hut abnehmen und mit der linken auf der Trommel festhalten. Erst dann kann er die Hand zum Schwur heben. Danach geht er spiegelbildlich zurück, und mit der Trommel erfolgt das Signal für das Ende.

Begleitet wird diese Zeremonie wieder mit dem Fahnenritual, das in diesem Fall allerdings im Stehen stattfindet. Die Fahne ist zunächst gesenkt, das Tuch, unterm Arm gerafft, wird dann in voller Länge senkrecht gezeigt, ohne Kopfbedeckung präsentiert und die Schwurhand gehoben. Alle Bewegungen werden nach Ende des Schwurs rückwärts wie im Spiegelbild zu Ende gebracht.

Das ganze bisher geschilderte Ritual hat nicht nur einen religiösen Zweck, sondern ist zugleich eine Unterwerfungsgeste gegenüber der politischen Repräsentanz. Das kann man schon daran sehen, dass die gleichen Sequenzen ohne die religiösen Inhalte bei weltlichen Paraden und Besichtigungen benutzt werden. Sie werden teilweise ausgebaut, so dass die Zeremonie länger dauert und die symbolische Anerkennung der monarchischen Ordnung noch mehr verdeutlicht wird. Die symbolische Identität der Rituale für den religiösen wie weltlichen Gebrauch zeigt aber auch, dass die weltliche Herrschaftsordnung als gottgewollt verstanden wird, dass es Gottes Ordnung ist und somit den christlichen Mythos widerspiegelt, was im Umkehrschluss sagt, dass dieses Militär Teil der christlich verstandenen Weltordnung ist.

5.2 Militärorganisation und heilige Zahlen

Die ersten, die systematisch über die notwendige Neuorganisation des Militärs nachdachten, waren die Oranier. Die militärische Übermacht und Brutalität der spanischen Truppen ließen keine andere Wahl. Man brauchte besseres Militär, um die Unterlegenheit auszugleichen. Da es sich um einen Religionskrieg handelte - Katholiken gegen Reformierte - war es naheliegend, seinen christlichen Glauben zum Organisationsprinzip zu machen. Da sich calvinistische Theologie sehr viel stärker als die lutherische auf das Alte Testament bezog, war der Rückgriff auf das Alte Testament naheliegend. Bis hinein in das Exerzierreglement übertragen, wurden seine Zahlensymbole an die neuen Notwendigkeiten angepasst. Es konnte sich zugleich auch auf ältere Erfahrungen stützen, dem Ideal der militärischen Maschinerie anpassen und mit dem Organisationsschema anhand der christlich-jüdischen heiligen Zahlen die religiöse Fundierung des Militärs vollziehen.

Dazu bedarf es aber zunächst einiger Informationen zu der Herkunft und Funktion dieser Zahlen. Ausgangspunkt ist die Tatsache, dass das hebräische Alphabet und seine 22 Buchstaben (es kennt kein Zeichen für Vokale) auch als Zahlen gelesen werden können. Die Buchstabenzahlen sind die Ziffern von 1 - 10 und die Zehner von 10 bis 100. Darüber hinaus gibt es nur noch 200, 300, 400. Größere Zahlen müssen also durch Zusammensetzungen konstruiert werden, meistens ist dies ein Wechsel von einer einzelnen Zahl über ein Wort wieder zur Zahl. Eine Null gibt es in diesem System nicht. Nun kann man das gesamte Alte Testament und auch Teile des Neuen in seiner griechisch sprachlichen Fassung mithilfe dieser Zahlen entschlüsseln. In der lateinischen Vulgata und in volkssprachlichen Fassungen gehen diese Informationen der Urtexte allerdings verloren.

Das ist eine schwierige und komplexe Aufgabe, die zu entschlüsseln auch Kenntnis des theologischen Inhalts der biblischen Texte in ihrer Verschränkung mit diesem Zahlensystem voraussetzt. Heute ist es selbst vielen Theologen fremd oder wird als Mystizismus der jüdischen Kabbala abgetan. Die moderne Rationalität findet nur schwer einen Zugang zu dieser Bedeutungswelt, aber für den gebildeten Christen um das Jahr 1700 sind diese Kenntnisse noch vorhanden, ja selbstverständlich. Man denke nur an die Zahlensymbolik in Bachs religiösen Kompositionen oder die Maße von Werken religiöser Architektur. Die religiöse Fundierung ist hier noch völlig selbstverständlich. Das gilt auch für die Rolle von Astrologie oder ihrer modernen Tochter Astronomie und ihre Verquickung, die auch für ernstgenommene Wahrsagerei gebraucht wurde. Erinnert sei auch an den Astronom Kepler und seine Tätigkeit für den Heerführer Wallenstein und die Flut astrologischer, astronomischer und nigromantischer Schriften zeitgleich mit der Entstehung von modernen, neu gedachten und so organisierten großen Infanterieverbänden verbreitet ist. Wer Neues organisieren wollte, fand dort die Muster. Nun muss man diese Zahlensymbolik nicht in allen Teilen für den hier intendierten Zweck kennen und verstehen. Außerdem betrifft es nur wenige Zahlen und deren Bedeutung im christlichen Mythos.

Die größte organisatorische Einheit dieser Infanterie wird das Regiment. Es ist als Corpus verstanden. Seine Glieder sind das Bataillon, die Kompanie und der „Haufen“ (heute der Zug) und seine Teile. Sie sind als Glieder des Corpus gedacht. Dabei ist die Symbolzahl der Dreieinigkeit Gottes die strukturierende Größe. Kleinste Einheit ist die Reihe, drei solche Reihen bilden einen Haufen, drei Haufen sind eine Kompanie und drei Kompanien ein Bataillon. Damit wird symbolisch das Regiment unter den Schutz Gottes gestellt. Das ist insofern traditionsgesättigt, da schon das Mittelalter diese Symbolik praktizierte. Die

Gesellschaft als Ganzes wurde in die drei Ordnungen eingeteilt: Priester, Ritter und die Laboratores, die arbeitende Bevölkerung. Auch im Krieg spielte die Dreiteilung die entscheidende Rolle. In der Schlacht stellten sich die Heere üblicherweise jeweils in drei Haufen auf.

Die Zehn kennzeichnet die Zeit und die Bedeutung für die niederländischen Reformen. Theologisch steht die Zahl für die Schöpfung der Welt, für *Rettung in der Not* und den *Bundesschluss* Gottes mit seinem Auserwählten Volk. Sie bedeutet auch Gott selbst und die Macht Gottes. Sechs weitere theologische Bedeutungen zeigen die Tiefe und Vielfalt der Symbolik. Die Bibel kennt die zehn Gebote Gottes, seine zehn Schöpfungsworte und zehn Schöpfungstaten. Gott sprach zehn Verheißungen an die Erzväter und ebenso viele Segen über die ersten Menschen. Dazu kommen die zehn Wundertaten Jesu. Militärisch umgesetzt wird dieser Bedeutungskomplex in der Zehnerstaffel der Musketiere bei den Oraniern. Das beschwört die *Schöpfung*, die gesegnete neue Aufstellung, deren dauerhafte Existenz, also auch die *Rettung in der Gefahr* und die Zuverlässigkeit des Eides, verstanden als den Bundesschluss Gottes mit seinem Volk. Eine Hundertschaft erklärt sich aus der zweiten Potenz von Zehn und zeigt damit die „Fülle" der Macht Gottes. Gesagt werden muss noch, dass die Zehn oder die Hunderterzahlen nichts mit dem Dezimalsystem zu tun haben.

Die Zahlen Vier und Zwölf sind eng miteinander im Organisationssystem verkoppelt, so steht die Vier für die vier Evangelisten und die zwölf Apostel für die Elemente der Reihe aus zwölf Soldaten. Vier solcher Reihen bilden einen Teilhaufen und vier Teilhaufen machen einen Haufen. Die Zahl Zwölf steht zudem für die Weltordnung Gottes. Ein Haufen als Corpus symbolisiert den potenzierten (Haufen vier mal vier) Schutz der Evangelisten und zusätzlich den der zwölf Apostel in der Weltordnung. Während im protestantischen Organisationsschema die Dreierorientierung vorherrscht, ist im katholischen Militär, insbesondere in der ‚Kaiserlich-Königlich Österreichischen Armee', die dominante Zahl die Vier. Erst 1757, als der Siebenjährige Krieg schon voll im Gang war, ist man dem preußischen Beispiel der Dreiergliederung gefolgt.

Auch für die kleinste Einheit in einem zweiten System, die Halbreihe von acht Soldaten, ist die Zahl symbolisch geladen. Sie steht für das Göttliche, das jenseits empirischer Erfahrung existiert. Theologisch wird darauf verwiesen, dass der Mensch mit dem achten Schöpfungswort Gottes geschaffen wurde, die Beschneidung Christi am achten Tag nach seiner Geburt stattfand und dem Urvater Abraham ein achter Sohn geboren wurde. Schließlich hat der Messias acht verschiedene Namen, die einzeln keinen direkten evidenten Bezug zum Militär haben.

Die volle Bedeutung bekommt diese Zahl aber in der Verdopplung. Die sechzehn steht militärisch für eine ganze Reihe in diesem Schema und bezieht ihre theologische Rechtfertigung durch die sechzehn Propheten des Alten Testamentes. Außerdem ist die Zahl die Hälfte von Zweiunddreißig, eben der Zahl, die für die Herrlichkeit Gottes steht. Das bedeutet, dass die Halbreihe acht Soldaten auf das Göttliche vertraut, die ganze Reihe sechzehn Soldaten unter dem Schutz der Propheten des Alten Testamentes steht und das Ganze im halben (auf 16 von 32) Glanz der Herrlichkeit Gottes ruht. Anzumerken ist außerdem noch, dass ein solcher dreigliedriger Haufen entsprechend der beschriebenen Bedeutung der Drei unter dem direkten Schutz Gottes steht, als viergliedriger aber sich dem Schutz der Evangelisten unterwirft.

Ein besonderes Problem stellt die Artillerie dar. Geschütze gelten als verwerflich. Sie fressen Menschen in der Schlacht. Sie sind das sichtbare Zeichen für das Böse in der geheiligten Ordnung Gottes. Theologisch steht die Zahl sechs für Mühsal, Arbeit und das Böse. In der Apokalypse ist es die Zahl des Antichrist. Diese tückische, moralisch verwerfliche und unstandesgemäße Waffe wird dieser Bedeutung nach organisiert. Sechs Geschütze bilden eine Batterie, sichtbar das Böse. Aber die Batterie wird schon in drei Züge mit je zwei Geschützen unterteilt. Drei Batterien bilden ein Bataillon und drei Bataillone ein Artillerieregiment. So wird auch das Böse in die geheiligte Ordnung Gottes eingefügt. Das Organisationsschema für ein so verfasstes Regiment lässt sich bildlich verdeutlichen. Es zeigt aber nur die Truppe im Stillstand. Soll sie kämpfen, muss sie bewegt und geführt werden. Das bedeutet eine völlig neue Dimension, weil nun auch der Mensch als Akteur im neuen System ins christliche Verständnis eingepasst werden muss.

5.3 Ballet Royal und Männerballett

Die Ausführungen über die religiös fundierte Formationsbildung zeigten, dass diese kein Selbstzweck war. Praktischer und militärischer Ausgangspunkt zu diesen Überlegungen war die Herstellung einer besseren Kriegsverwendungsfähigkeit vor allem der Hauptwaffe der Zeit, der Infanterie. Die mit Musketen, später mit sehr viel besseren und praktischeren Gewehren ausgerüsteten Soldaten sollten dadurch in die Lage versetzt werden, die Schießgeschwindigkeit ihrer Hauptwaffe deutlich zu erhöhen, ohne sich gegenseitig zu behindern. Zugleich sollte die Formation als geschlossene Truppe zu größerer gemeinsamer Beweglichkeit geführt werden. Voraussetzung dazu war ein systematischer Drill, der bei der geringen formalen Bildung und auch unzureichenden handwerklich praktischen Ausbildung der aus primitivsten und ärmlichsten Verhältnissen stammenden Soldaten tagtäglich durchgeführt werden musste. Analphabetismus bis in die Führungskräfte erzwang Training so zu intensivieren, dass große Teile der Tätigkeit wie im Schlaf auf Zuruf sofort korrekt ausgeführt werden konnten. Moderne Kommunikationsmittel gab es nicht. Deshalb spielten insbesondere der Tambour und sein Trommelschlag, differenziert für verschiedene Bewegungen und Handlungen festgelegt, eine wichtige Rolle. Geführt wurde also durch lautes, festgelegtes und eindeutiges Kommando und durch die Signale des Tambours, manchmal unterstützt durch den einen oder anderen Pfeifer.

Versucht man sich diese Tätigkeit der Truppe in Bataillonsstärke vorzustellen, so wird bald deutlich, dass man einen großen Exerzierplatz braucht und dieser einigermaßen eben, ohne Wellen, Löcher und grobe Steine sein sollte, damit die Bewegungen der Formation ohne Stolpern der Soldaten stattfinden konnten. Eine zweite Voraussetzung für optimale Formationsübungen wurde der Gleichschritt, der sich im ersten Drittel des 18. Jahrhunderts durchsetzte. Er war so wichtig und wurde so konsequent praktiziert, dass von Friedrich dem Großen überliefert ist, er habe während der Kriegsmärsche einzelne Soldaten mit seinem Stock traktiert, wenn sie bei den miserablen Straßenverhältnissen der Zeit doch aus dem Tritt fielen. So konnte, unterstützt durch den Marschrhythmus, die Gleichzeitigkeit aller gemeinsamen gewünschten Bewegungen erzeugt werden. Was deren Durchsetzung und sichere Einübung unter den personellen Bedingungen des ersten Drittels des

18. Jahrhunderts, ganz zu schweigen in früherer Zeit, bedeutete, ist heute schwer verständlich zu machen. Das Dauertraining war also unverzichtbar. Dazu kam noch das eigentliche Waffentraining, das in der Bewegung der Formation die Kampffähigkeit garantierte.

Das alles musste in das geschilderte Idealbild der Armee als Maschinerie eingepasst werden, die auf Befehl die gewünschten Bewegungen absolviert. Der Kommandeur, der Fürst als Befehlshaber und Beweger dieser großen Apparatur, musste selbst in der Lage sein, die entsprechenden Anordnungen zu treffen. Er hatte eine große Truppe, die er als Regisseur auf dem Exerzierplatz zu vielfältigen Bewegungen veranlassen musste, und er hatte dabei eine ziemlich detaillierte Palette an Bewegungsbildern zur Verfügung. So konnten aus wenigen Grundmustern eine große Vielfalt entwickelt werden. Die folgenden Skizzen sollen in vereinfachter Form einen ersten Einblick geben. Ausgangspunkt ist die Formation als Kompanie oder Bataillon in der jeweiligen Dreigliederung. Bei den Bewegungen kann man beide Formationen gleich einsetzen.

Zehn Varianten in der Bewegung sind in diesem Schema vorhanden. Zunächst kann die Truppe so wie sie aufgestellt ist vorwärts, nach einer Kehrtwendung des einzelnen Soldaten rückwärts und nach rechts oder links in Bewegung gesetzt werden. Dann kann sich der Block in eine Linie auflösen. Komplizierter wird es, wenn die Formation Schwenkbewegungen machen soll. Dazu muss der jeweils linke oder rechte Flügelmann auf der Stelle treten und die anderen Soldaten, je weiter weg von ihm immer schneller marschieren. So kann man die Front im oder gegen den Uhrzeigersinn einschwenken lassen bis zu dem Punkt, an dem die Front die gewünschte Position hat. Es sind also nur zehn einfache Varianten, die die Truppe ausführen können sollte und muss, die dem Truppenführer zur Verfügung stehen. Aus diesen Elementen der Formationsbewegung kann man aber nach Wunsch eine unendliche Choreographie entwickeln. Es geht dabei nur um variable Kombinationen und Phantasie.

Bei allem Exerzierplatztraining und dem fürstlichen Vergnügen an der paradierenden Truppe darf nicht vergessen werden, dass es ein extrem hartes Training für die Schlacht war. Jede Bewegung, jeder Griff musste sekundengenau sitzen. Das war überlebenswichtig und in der Bewegungsmechanik unverzichtbar. Der Mensch wurde so zum Maschinenteil. Das Kommando auf dem Exerzierplatz und die Bewegung, die es auslöste, waren identisch mit dem Kommando und der Bewegung in der Schlacht.

Obwohl es sich also um eine Einübung in die Mechanik der Gewaltausübung handelte, wird deutlich, dass das Exerzieren und die Präsentation des Gelernten bei den großen Truppenparaden sehr viel Ähnlichkeit mit dem zeitgenössischen Ballett haben. Dass die Entwicklung des Militärs über die Jahrhunderte eng verknüpft mit dem christlichen Mythos ist, wurde bis hierher immer wieder dargelegt. Bringt man nun als neue Komponente das Ballett ins Spiel, ist zumindest die Frage zu klären, wie weit es ebenfalls mit dem Mythos verknüpft ist oder in welchem anderen Zusammenhang es damit steht.

Über die Leib- und Sexualfeindlichkeit des Christentums, insbesondere der Vertreter seiner Organisation Kirche, ist hinreichend und intensiv geforscht und geschrieben worden. So wundert es nicht, dass seit den Anfängen noch in der Verfolgungszeit der Tanz uneingeschränkt abgelehnt worden ist und immer dann, wenn er in den Gemeinden trotzdem praktiziert wurde, von der Hierarchie heftig verurteilt wurde. Berufstänzer waren schon zur Zeit des römischen Kaiserreiches aus der Gemeinde ausgeschlossen und exkommuniziert. Als Begründung aus der Bibel wurde der Tanz ums goldene Kalb genannt, der in der Zeit stattfand, als Moses auf dem Berg Sinai die Gesetzestafeln von Gott direkt erhalten hat. Die zweite Bibelgeschichte gegen den Tanz ist der Tanz der sieben Schleier Salomes, der ihr das Recht auf den Kopf von Johannes dem Täufer gab.

Skizzen zum Männerballett

Grundformen beim Exerzieren

Corpus Regiment

Bataillon - Bataillon - Bataillon

Formation

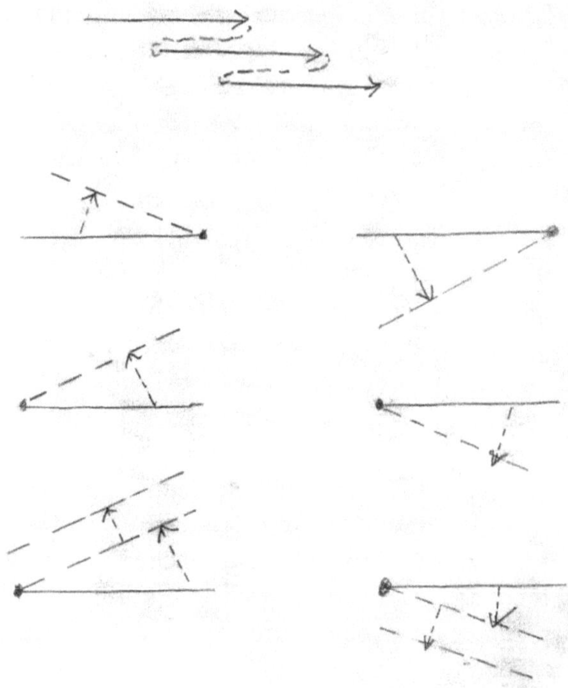

Trotzdem war auch bei Christen das Tanzen offenbar nie auszurotten. Im Mittelalter wird für die Zeit ab dem frühen 13. Jahrhundert berichtet, das eine regelrechte Tanzwut ausgebrochen war, die die Menschen tanzend auf die Märkte, Straßen, selbst in die Kirchen trieb. Diese Massenaufläufe tanzender Menschen gab es in fünf Städten in sechs verschiedenen Jahren vom 13. zum 15. Jahrhundert. Besonders heftig war diese ekstatische Tanzwut 1374, als sie den Berichten zufolge das ganze Rheinland erfasste und die soziale und ökonomische Ordnung durcheinander brachte. In all diesen Fällen war die Kirche vehementer Gegner und - meist erfolglos - bemüht, gegen diese Volksbewegung zu predigen, einerseits zu exkommunizieren und andererseits bei Verzicht oder Reue Sündenablass zu versprechen. Christlicher Mythos und Tanz sind also negativ konnotiert und ihr Verhältnis ist so geblieben. Aus dem Mittelalter ist nur ein Gegenbeispiel bekannt: der Tanz des Domkapitels der Kathedrale von Auxerre in der Osternacht, der ja offenbar ein ritueller Freudentanz war und ein großes Amüsement der Chorherren. Jahrhundertelang wurde das praktiziert, aber nach den ersten Wirren der Reformationszeit wurde den Herren ihre Tradition 1538 untersagt.

Tanz und seine künstlerische Weiterentwicklung hatten nie den Segen der Kirche, haben sich aber beide als unverwüstlich erwiesen und das Ballett hat sich mit der Zeit zu einer hoch disziplinierten und wirkmächtigen professionellen Kunstform entwickelt - und Professionalität verlangt Training. Bleibt man zunächst bei Training und Bewegungsablauf, so ist eindeutig, dass man weder das Corps de Ballett noch das Corps Militaire von Anfang an als Ganzes trainieren kann. Einzeltraining und Training in kleinen Gruppen sind unumgänglich, danach erst kann es um die Integration in den größeren Verband gehen. Es ist aber bezeichnend, dass beide Formen menschlicher künstlicher Bewegungsabläufe sich nahezu zeitgleich entwickeln und zeitgleich heißt auch unter gleichen zeitgenössischen kulturellen Bedingungen. Beide Formen sind Fürstenvergnügen in den künstlerischen Formen und Mustern des Barock. Repräsentation mit großem Aufwand an finanziellen und konkret materiellen Mitteln für die theatralisch optische Präsentation wird aufgebracht.

Das Ballett am Hof von Versailles ist Herzensangelegenheit und zugleich politisches Führungsmittel Ludwigs XIV. Seine persönliche

Tanzbegeisterung nutzt er zur Selbstdarstellung als Sonnenkönig und tanzender Solist. Die Nähe zu ihm im Tanz, seine Zuwendungen zu den Mittänzern können Zeichen für politischen Aufstieg oder Niedergang der Person des Hofstaats sein. Getanzt wird in Variationen das, was als Gesellschaftstanz bei Hofe üblich ist. Die Musik ist traditionell und nur wenige Musiker spielen. Professionelle Tänzer gibt es zunächst nicht. Im Prinzip geht es zu wie bei einem Ball, bei dem ein großer Teil der Hofgesellschaft nur zuschaut und dem König applaudiert.

Ludwig XIV. war selbst nicht nur ein guter Tänzer, er ärgerte sich auch regelmäßig, wenn er schlechte Tänzer sah. So gründete er schon 1661 die Akademie Royale de la Danse, um gut ausgebildete Profitänzer zu erhalten. Er begründete damit eine Balletttradition, die bis heute in Frankreich tief verwurzelt ist. Für den Vergleich mit dem Militär ist die Tatsache wichtig, dass es sich um formalen Tanz gehandelt hat, militärische Einlagen waren integriert. Individueller Ausdruck, das Darstellen von Gefühlen, war verpönt. Das Grandballet war in den ersten Jahrzehnten immer allegorisch, handlungsarm und gefühlskalt. Es hat bei aller diffizilen und gespielter Leichtigkeit etwas Starres, Gezirkeltes. Sein Formalismus wird deshalb auch im 18. Jahrhundert infrage gestellt.

Es ist aber auch die Zeit, in der die Oper ihren Siegeslauf beginnt und damit ein zweites Instrument zur Schaustellung von Macht, gutem Geschmack und der Möglichkeit zur aufwendigen Repräsentation wird. Balletteinlagen, die die Handlung kommentieren, stärken die Rolle von Professionalität und Profitänzern und -tänzerinnen. Im Ballett gab es auch Frauenrollen und deshalb Ballerinen. Stoffe aus der antiken Mythologie waren ohne sie schwer darstellbar. Aus dem einfachen Gesellschaftstanz ist so im Laufe weniger Jahrzehnte eine komplexe Einrichtung geworden, die den kulturellen, sozialen und politischen Kosmos der Hofgesellschaft im ästhetischen Spiel widerspiegelte.

Beim Militär setzt sich in dieser Zeit nicht nur die Vorstellung von der Militärmaschinerie durch, auch das Bewegungstraining der Formationen wird selbstverständlicher Bestandteil des militärischen Alltags. Ähnlich wie beim Ballett taucht auch eine frühe Form von Militärmusik auf. Trommler und Pfeifer werden Unterstützer beim Drill als Rhythmusverstärker und Signalgeber. Gegen Mitte des 18. Jahrhunderts gibt es nun meist kleine Regimentskapellen. Auch beim Ballett wird die Musik auf seine differenzierten Bedürfnisse umgestellt, Musik wird jetzt fürs Ballett neu geschrieben.

Geradezu zeitgleich mit der vollen Ausprägung der Militärmaschinerie emanzipiert sich das Ballett von der fürstlichen Repräsentanz. Handlungsballett wird zum Transporteur literarischer Inhalte. Die Professionalisierung des Tanztheaters hat seine Entsprechung in der Professionalisierung der Offizierausbildung des Militärs.

Die folgende Aufstellung von Gemeinsamkeiten beider Felder ist Anlass, die kulturellen Dimensionen der Militäraffinität der Fürsten neu zu beleuchten:

Beide Institutionen sind nicht nur Symbole der Herrschaft, der Macht, sie sind auch Lieblingsbeschäftigung aus ästhetischen Gründen. Man kann sich in ihrem Schatten in schöner, prachtvoll überbordender Phantasie ausleben wie im Hofzeremoniell, den neuen prachtvollen Schlössern und auch im glanzvoll inszenierten kirchlichen Hochamt zu den Festtagen. Sie sind Bühne für Selbstdarstellung und inszenierte Feier des barocken Lebens.

Dass es beim Militär nicht nur um Effektivität im Krieg geht, ist aus verschiedenen Tatsachen ableitbar. Solche Institutionen mit zigtausenden gut gekleideter, das heißt in schöne Uniformen gesteckter Soldaten, deren Schuhwerk, sonstige Ausrüstung und Waffen bei einer Produktionsweise, die sich nur unwesentlich vom Handwerk unterscheidet, sind extrem teuer. Gemessen an Militärausgaben heute im Vergleich zur Wirtschaftskraft sind das im 18. Jahrhundert schwindelerregende Kosten. Solche Truppen in den Krieg zu schicken, sie sogar eine Schlacht durchkämpfen zu lassen, bei den damals enorm hohen Verlusten, überlegte man sich ganz genau. Die Truppen waren zu „kostbar", ihr Ersatz schwierig, und so wurden sie das, wozu sie zunächst gedacht waren: Instrument zur Gewalteinhegung und Friedenssicherung nach innen und außen.

Gemeinsamkeiten Ballett und militärisches Formationsexerzieren

➢ Corps de Ballett	➢ Corps Officiers
➢ Rhythmisch gleichförmiger Tanz	➢ Rhythmische Signale von Tambour und Pfeifer
➢ Ritualisierter Tanz	➢ Gleichförmige ritualisierte Bewegungsabläufe
➢ Symbolisierung der gesellschaftlichen Rangordnung	➢ Symbolisierung der militärischen Rangordnung (als identischer Teil der gesellschaftlichen)
➢ Unterscheidung von Solist und Corps durch Kostüm	➢ Unterscheidung von Offizier/ U-Offizier /Mann durch Uniform
➢ Gleichförmigkeit der Bewegung des Corps, aber individuelle Bewegung des Solisten	➢ Gleichförmige Bewegung der Einheit, individuelle Bewegung der höheren Offiziere
➢ Präsentation nach Ende der Vorstellung	➢ Paradeaufstellung
➢ Solisten vor dem Corps de Ballett	➢ Offiziere vor der Front
➢ Training a. d. Trainingsboden	➢ Exerzieren auf dem Exerzierplatz
➢ Vorstellung auf der Bühne	➢ Präsentieren bei Parade und Besichtigung / Kampf auf dem Schlachtfeld
➢ Konstruktion und Präsentation des gesellschaftlichen Kosmos im Tanz	➢ Konstruktion und Präsentation des militärischen Kosmos in der Parade und in der Schlacht

Auch das preußische Militär, seit eh und je im Verdacht der Kriegsorientierung, hat in der Zeit seit der Deklaration der Königswürde im Jahr 1701 bis zum Zusammenbruch bei Jena und Auerstedt 1806 in 106 Jahren keine 15 Jahre Krieg geführt und nur wenige Schlachten geschlagen. Zwar kündigt sich mit dem Siebenjährigen Krieg und Friedrichs II. Risikobereitschaft in Schlachten eine neue Zeit der Gewaltsamkeit an, aber dieser Prozess ist auch schon erkennbar international. Neue Gewaltbereitschaft zeigt sich symbolisch in einer der ersten Amtshandlungen Friedrichs. Er löst die Garde der Langen Kerls auf. Sie darf noch einmal bei den Beerdigungszeremonien für seinen Vater in alter Pracht paradieren, wird anschließend aber auf die ganze Truppe verteilt, erspart dem König die unsinnig hohen Kosten dieser Spielerei und erlaubt so eine kräftige Verstärkung der Armee.

Am Beispiel der Langen Kerls wird besonders der Charakter als Männerballett im Barockzeitalter deutlich. In einer Zeit, in der der Durchschnittsmensch meistens 15 bis 20 Zentimeter kleiner als heute war, waren sehr große Männer ja auch finanziell aufwendiger zu unterhalten. Sie mussten natürlich besonders gut gekleidet werden - alles was einen Soldaten teuer macht, findet sich hier. Entscheidend aber ist, dass Friedrich Wilhelm sich persönlich nicht nur um Ausrüstung und Finanzen kümmerte, sondern selber immer wieder beim Exerzieren anwesend war, sich um kleinste Details kümmerte und offensichtlich das Zuschauen oder selber Kommandieren beim Exerzieren genoss: ein extrem teures Fürstenvergnügen, das durch ein bewegtes Schauspiel der ästhetischen Phantasie große Anregung bot.

Hier ein zweites Beispiel derartiger militärischer Inszenierungen: Da wird das Ganze auf die Spitze getrieben. Landgraf Ludwig IX. von Hessen-Darmstadt übergab nach wenigen Jahren die Regierungsgeschäfte an seine Frau unter der Bedingung, dass er für seine Soldatenfixierung die nötigen Geldmittel immer zur Verfügung habe und zog sich mit seiner Entourage in die kleine Residenzstadt Pirmasens zurück. Dort errichtete er eine für die damalige Zeit riesige Exerzierhalle und leitete selber das Exerzieren seines Paraderegiments. Dieses Regiment wurde mit allem, was schön und teuer war, ausgerüstet. Die Uniformen waren fantasievoll geschmückt, farbenprächtig und aus besten Materialien. Litzen und Schärpen, große und kostbare Hüte, besonders schön gearbeitete Gewehre und andere Waffen ergaben ein Bild, das für Soldaten seiner Zeit Seinesgleichen suchte. Dazu unterhielt er eine Militärkapelle, die allgemein als das „größte Trommler- und Pfeiferkorps des Heiligen römischen Reiches“ galt.

Mit dieser Schautruppe konnte er nun alle die Bewegungen im Gleichschritt, mit Marschmusik und nach Mustern, die oben beschrieben sind, seinem ästhetischen Vergnügen hingeben. Diese Truppe und ihre Vorführungen, insbesondere bei den üblichen „Besichtigungen“ im Herbst, waren europaweit bekannt und zu den Besichtigungen besuchten Generale fremder Armeen, Fürsten und die interessierte Adelsgesellschaft die kleine Stadt und bewunderten dieses Soldatenballett. Es symbolisierte den militärischen Kosmos der Zeit und es war Teil des kulturellen Kosmos. In diesen Aufführungen war der Charakter als Maschinerie durch die Mechanik der Bewegung genauso sichtbar wie der militärische Zweck. Weniger sichtbar, weil eher im Alltagsgeschäft praktiziert, war die religiöse Fundierung, die öffentlich meist nur beim gemeinsamen Gebet und dem gemeinsamen Schwur sichtbar_wurde. Die Präsentationen in Pirmasens waren auch Machtdemonstrationen, Repräsentation und kulturelle Selbstdarstellung in der Ästhetik schöner Formen, Bewegungen und Uniformen. Nicht ganz auszuschließen ist auch das erotisch fundierte ästhetische Vergnügen an der disziplinierten Bewegung meist junger Männer. Die erotische Komponente beim Ballett ist gegenstandsgemäß allerdings eher bisexuell geprägt, was bis heute noch zu erleben ist und die andere Komponente nicht ausschließt.

Im Zuge des ersten Koalitionskrieges hat auch Hessen-Darmstadt das Regiment mobilisiert. So wurde das Vorzeigeregiment in einfache Uniformen gesteckt, entsprechend auch ausgerüstet und wie die anderen Regimenter im Krieg eingesetzt. Das Vorzeigeregiment hat offensichtlich auch im Einsatz seinen Mann gestanden.

Das Ende dieser Epoche im christlichen Mythos verankerter Gewalteinhegung setzen die französischen Revolutions- und napoleonischen Kriege. Ein letztes Beispiel traditionalen Militäreinsatzes könnte man in der Kanonade von Valmy sehen. Der Aufmarsch der Armeen mit dem Ziel, sich ganz in ihrer Größe und Pracht zu zeigen, ist Demonstration. Die Truppen werden auf beiden Seiten optisch perfekt präsentiert, was ein heute lächerlich erscheinender Nebenaspekt deutlich macht: Die preußischen Soldaten hatten große Mühe bei dem miserablen Wetter und den schlammig aufgeweichten Bodenverhältnissen, ihr Koppelzeug weiß zu färben und weiß zu halten, denn als Farbe stand nur weiße Kreide zur Verfügung, die der Regen immer wieder aufzulösen drohte. Die Heere standen sich in diesem hügeligen Gelände mit großem Abstand gegenüber. Zwischen ihnen wurde durch eine Talsohle der Abstand zusätzlich betont. Und dann, als alles aufmarschiert war, begann die berühmt gewordene Kanonade von Valmy. Wie beim Salut wurde im Takt geschossen, desgleichen bei der Infanterie. Die Entfernung zwischen den Heeren war groß genug, dass niemand zu Schaden kam. Entscheidend aber war, dass sich die beiden kommandierenden Generale einige Meilen entfernt trafen und eine Regelung absprachen, die es den Franzosen erlaubte, sich bei der Gefahrenabwehr als Sieger zu fühlen und den abmarschierenden preußischen Truppen die Blamage einer möglicherweise verlorenen Schlacht ersparte.

Parallelitäten der Entwicklung von Gesellschaften und Ballett einerseits und Formationsgeschichte/Exerzierreglements im Militär der frühen Neuzeit

Höfische Gesellschaft und Ballett	Militär
Bis **1660** Ausbau der alten Intermedii zum Ballet de Cour – kaum Differenz zwischen Gesellschaftstanz des Hofes und dem Ballett Ab **1661** Ludwig XI gründet die Akademie Royale de la Danse ➢ Professionalisierung der Tänzer ➢ Die Gesellschaft tanzt die gleichen Tänze	Bis **1680** Abschluss der Formationsausbildung, Formationsdrill ➢ Uniformen ➢ Einleitung der Professionalisierung der Offiziere mit Beginn der Kadettenerziehung in Frankreich ➢ Um **1720** Kadettenanstalten in Preußen
Musik: Folge verschiedenster Tänze, kein Unter-schied zu sonstiger Tanzmusik, auch die Hofgesellschaft tanzt nach diesen Rhythmen. Jeder Kavalier <u>muss</u> tanzen können. Ausbau des Ballett zum großen Staatstheater, mit teurer Ausstattung, Orchestermusik und Gesang zur repräsentativen Festveranstaltung.	**Musik:** Zentral ist der Trommelschlag des Tambours als Signalgeber beim Exerzieren, selten unterstützt durch Pfeifer ➢ Pauken bei der Kavallerie beidseitig vom Sattel

<table>
<tr>
<td>Um 1730 großes ritualisierendes Staatsballett mit antikisierenden Versatzstücken
➢ Dramatisierte Einsprengsel
➢ Reformdiskussion hin zum Handlungsballett
➢ Integration in das Opernballett abgeschlossen

Ergebnis: Bis ins Einzelne ritualisiertes Ballett mit großem Aufwand.
➢ Akademisch formal, emotionslose Feier der Monarchie
➢ Zunehmende Kritik. Forderungen nach Handlungsballett und Emotionalität des Tanzes</td>
<td>Um 1730 Durchsetzung der Formation nach heiligen Zahlen abgeschlossen.
➢ Durchsetzung des Gleichschritts
➢ Ausdifferenzierte und gedruckte Exerzierreglements
➢ Militär als Maschinerie
➢ Kadettenerziehung als Standard der Offizierausbildung
➢ Einüben des Männerballetts auf dem Exerzierplatz
➢ Vorführung bei Besichtigungen und Parade als Repräsentation königlicher Macht und gottgewollter Ordnung

Musik: Trommler und Pfeifer, Marschmusik, sind akustisches Rückgrat des Gleichschritts

Ergebnis: z.B. Friderizianische Armee
➢ Voll ausgebildete formale Struktur
➢ Bewunderte Beherrschung aller Formen und Techniken
➢ Kadettenerziehung ist Standard und voll ausgebildet
➢ Zentraler Nebeneffekt Homosexualisierung des Offizierkorps
➢ Ausweglose psychische Fixierung auf Gehorsam,</td>
</tr>
</table>

1789 Erstes reines Handlungsballett mit eigens komponierter Musik in Bordeaux aufgeführt (La Fille mal Gardée) ➢ Paris (Frankr.) unangefochtenes Zentrum des Balletts **Musik:** Integration in die Oper. Eigene Kompositionen für bestimmte Aufführungen	Disziplin, Formen und Rituale des Dienstes ➢ Die Maschinerie fürs Ballett ➢ Aber auch neue freie Militärformationen aus praktischen Gründen der Kriegführung (Jägerkompanien, Panduren) **Musik:** Ausgefeiltes akustische Signalsystem, Führen durch „Musik“, Regimentskapellen, Marschmusik „größtes Trommler- und Pfeiferkorps des Heiligen Römischen Reiches deutscher Nation.“

6 Mythos und militärische Erziehung: Die Erfindung der Kadettenanstalten

Diese ganze komplizierte Militärmaschinierie musste von Kompetenten in Bewegung gebracht werden. Um solche Menschen zu gewinnen, haben die großen Monarchien zunächst – und das heißt zum Teil bis zum Ende des 17. Jahrhunderts – auf alte Muster zurückgegriffen. Sie haben Adelsakademien eingerichtet, in denen junge Leute eine Grundbildung erhielten und auf das militärische Handwerk vorbereitet wurden. Das nicht zu meisternde Grundproblem blieb: die unzureichende Disziplin und der nur bedingt erreichbare Gehorsam. Viele der Absolventen sind nicht ins Militär eingetreten oder blieben ihren Vorstellungen von Standesgemäßheit so sehr verhaftet, dass sie nur bedingt im Militär brauchbar waren. Erst die Kadettenanstalten und die Kadettenerziehung haben das Problem gelöst. Zum Verständnis dieser Entwicklung und des Kadettensystems ist es unabdingbar, sich mit dem Entstehungszusammenhang auseinanderzusetzen.

Entgegen der naheliegenden Vermutung, im Militär selber die Ursprünge und Erfinder militärischer Erziehung zu suchen, lässt sich in diesem Sektor militärische Eigenständigkeit, losgelöst von der oder gerichtet gegen die zeitgenössische Gesellschaft, in den ersten hundert Jahren dieses Erziehungsstils nicht feststellen. Auf der Wende vom 16. zum 17. Jahrhundert ist die Art von Erziehung, die dann später als typisch militärisch angesehen wurde, als neuer sozialgeschichtlich und religiös determinierter Erziehungsstil der besseren Gesellschaft Frankreichs entwickelt worden. Ihn dort durchzusetzen, hat hundert Jahre gedauert.

Vergleichbare Tendenzen im Lebens- und Erziehungsstil sind in Deutschland auch gegeben, aber nicht annähernd so gut untersucht wie in Frankreich. Die neue religiöse Orientierung ist auch Folge der Auseinandersetzungen zwischen den gerade entstandenen christlichen Konfessionen und der damit verbundenen Konkurrenz. Da gegen Ende des 16. Jahrhunderts die theologischen Fronten geklärt waren, neue theologische Argumente die Rechtgläubigkeit nicht mehr entscheiden konnten, wurde der christliche Lebensstil - also die theologisch definierte Moral - zum entscheidenden Faktor innerchristlicher Auseinandersetzung.

Verständlich ist diese Entwicklung nur im Kontext der Geschichte des Bürgertums. Am besten informiert sind wir über die Verhältnisse in Frankreich. In der Zeit des frühen 17. Jahrhunderts entwickelt sich nicht nur ein neuer Familiensinn, der sich prinzipiell vom mittelalterlichen Verständnis von Familie unterscheidet, es ist auch zugleich die Entdeckung der Kindheit. War früher das Kind, sobald es laufen konnte, wie ein kleiner und schwächerer Erwachsener behandelt worden, völlig integriert in das soziale Leben von Arbeit, Festen, Vergnügen, Spielen bis zu den sexuellen Lebensäußerungen, wurde es in der fraglichen Zeit als ein ungeprägtes, im religiösen Sinne unschuldiges Kind aufgefasst. Für die bessergestellten bürgerlichen Familien erwuchs nun die Aufgabe, diese Unschuld möglichst lange zu erhalten und die Kinder zugleich so zu erziehen, dass sie als Erwachsene in der Lage wären, ein Gott wohlgefälliges Leben zu führen. Da das traditionelle Leben aber in den Familien, insbesondere in den schlechter gestellten Gesellschaftsschichten weiter ging und dadurch vor allem die von der Kirche hochgradig tabuierte Sexualität als täglicher Erfahrungshorizont der Kinder - und somit als tägliche Anfechtung im religiösen Verständnis - erhalten blieb, bot die Kirche, insbesondere die neuen religiösen Orden der Gegenreformation, Kollegien zur Erziehung der männlichen Jugend an.

In diesen Kollegs wurde für die etwa 11- bis 18-jährigen, manchmal schon für jüngere Knaben ab 7 bis 8 Jahren, ein ganztägig der strengsten Disziplin unterworfenes Leben mit einer Ausbildung verknüpft, die wir heute als Gymnasialausbildung und in den letzten zwei Kollegjahren auch als Universitätsausbildung ansehen würden. Das Leben in diesen Kollegs war nach heutigen Maßstäben brutal. Es gab Körperstrafen, Hungern als Strafe. Ergänzt wird das Ganze durch Denunziation und durch Selbstdenunziation in der Beichte. Beaufsichtigung bei Tag und Nacht, gemeinsame Mahlzeiten, große Schlafsäle, die die ganze Nacht bewacht wurden, Unterbinden von Freundschaften unter den Kindern und Jugendlichen und jede Art von öffentlicher Demütigung gehörten zum Erziehungsinstrumenatrium. Delinquenten mussten zum Beispiel nackt vor den gesamten Mitgliedern antreten und wurden dort bis aufs Blut geprügelt.

Da es sich um reine Knabenerziehung handelte, die sie emotional und örtlich völlig von ihren Familien und von bisherigen Freundschaften isolierte, die Masse von ihnen im Pubertätsalter (nach heutigen Maßstäben) waren, waren Onanie und homosexuelle Kontakte untereinander die einzigen Möglichkeiten, ihre erwachende Sexualität zu betätigen. Gerade das war aber nicht nur verboten, sondern wurde zugleich mit aller denkbaren Brutalität bestraft, sobald solche "Vergehen" entdeckt wurden. Rigidere Überwachungstechniken, Stigmatisierung von Sexualität überhaupt und als Folge beim Zögling angstbesetzte Verdrängung sexueller emotionaler Bedürfnisse war die Folge. Nur die Unterwerfung unter die eiserne Disziplin des Kollegs, unter die Normen der Religion und letztendlich als verselbständigtes und durch psychische Fixierungen determiniertes Disziplin- und Unterwerfungsverhalten auch anderen, vor allem gesellschaftlichen und staatlichen Autoritäten gegenüber, konnten also emotionale Entlastung bringen.

Man muss sich den psychischen Vorgang präzise vor Augen führen, um die Bedeutung dieses neuen Erziehungsstils für die gesellschaftliche und politische Entwicklung richtig abschätzen zu können. Die Psychoanalyse hat uns gelehrt, dass Verdrängung zwei wichtige Funktionen hat. Zum einen entlastet sie das Individuum von unerträglichem psychischem Druck. Gelingt es dem Menschen, die verbotenen Wünsche und Triebe zu unterdrücken und sich der Autorität anzupassen, entgeht er ja nicht nur der Strafe, er entlastet sich ja auch von den Konflikten zwischen Triebregung und gesellschaftlicher oder religiöser Norm. Die Verdrängung erfährt er also als eine emotionale Erleichterung. Zum anderen wissen wir aber, dass der Mensch, der auf diese Weise verdrängt hat, in zweifacher Weise determiniert wird. Da die Triebe nur verdrängt sind, ihre Koppelung mit der Sexualität aber einen biologisch vorprogrammierten ständigen Druck erzeugt, ist er zu einem enormen und ständigen psychischen Aufwand verurteilt, die Verdrängung aufrechtzuerhalten, und zugleich wird er durch den gleichen Mechanismus unbewußt und fast ohne Chance auf Veränderbarkeit an die Normen gefesselt, um derentwillen er die Verdrängungsleistungen erbringt. Disziplin und Gehorsam gegenüber

Autoritäten sind damit nahezu unverrückbar in die seelische Verfassung des so erzogenen Menschen eingegraben und nach heutiger Erkenntnis, wenn, dann nur durch Psychoanalyse auflösbar.

Aus der Sicht von heute ist das ein unmenschliches Erziehungsverfahren. Die religiösen Bindungen von Erziehern und Zöglingen ließen es aber in seiner Zeit als ein Mittel zur Erringung der ewigen Seeligkeit als zwar streng, aber im höchsten Maße christlicher Menschlichkeit angemessen erscheinen. Bei aller Brutalität war über die religiöse Normierung also ein humaner Sinn im ganzen unverkennbar.

6.1 Das französische Vorbild

Diese Erziehungsvorstellungen und Praktiken, die noch gegen Ende des 16. Jahrhunderts in Frankreich die einer religiösen Elite waren, geraten in den gesellschaftlichen und politischen Sog der Durchsetzung des absolutistischen Staates. Die Voraussetzung seiner Entstehung war der Aufstieg des Bürgertums, der relative, daran gekoppelte Abstieg des Adels, die Ausbreitung der Geldwirtschaft und die damit verbundene relative Entwertung von Grund und Boden, der ökonomischen Grundlage der Adelsherrschaft.

Dieser absolutistische Staat brauchte loyale, disziplinierte und der Autorität des Monarchen zuverlässig ergebene Diener. Der Staat war der einzige, der für solche Dienste mit Geld entlohnen konnte. Für den Staat war der Nachwuchs des der neuen Erziehung unterworfenen Bürgertums das ideale Personal. Für das aufstrebende Bürgertum bedeutete dieser Staatsdienst einen sozialen und ökonomischen Aufstieg. Krone und Bürgertum ergänzten sich in ihren Interessen. Zugleich war die Krone gezwungen, den verarmten Adel auch sozial und ökonomisch zu stützen, da nur das soziale und politische Gleichgewicht zwischen Bürgertum und Adel seine absolutistische Herrschaft garantierte. Die ausdrückliche und nachhaltige Bevorzugung von Absolventen dieser Kollegs zwang nun den verarmten Adel, seine Söhne in eben dieselben Einrichtungen oder separierte, aber nach gleichen Prinzipien geführte zu stecken. Für diesen Nachwuchs waren Hof-, Verwaltungs- und Waffendienst der Schutz vor dem weiteren sozialen Abstieg.

Die Folge war zweierlei: Aufstrebendes Bürgertum und absteigender Adel treffen sich in denselben Bildungseinrichtungen und oft in der

Konkurrenz um die gleichen Posten. Disziplin, Gehorsam und Loyalität gegenüber den Forderungen der Krone werden zur Vorausetzung der sozialen Sicherung dieser Männer und ihrer Familien. Zugleich wird durch diesen Rekrutierungsmechanismus das neue Erziehungssystem zum Beherrschenden von Bürgertum und Adel und ebenfalls die psychisch verankerte Gehorsamserziehung und die antisexuelle Prägung und Fixierung der Funktionäre des neuen Staates das tragende Element der neuformierten Herrschaftsapparatur.

Bis hierher gibt es keinen prinzipiellen oder praktischen Unterschied zwischen ziviler oder militärischer Erziehung. So erzogene junge Adelige traten in die Armee ein und lernten dort im praktischen Dienst das militärische Handwerk hinzu, während für einen großen Teil der alten Familien diese militärische Lehrzeit schon vorher, ohne diese Kollegerziehung begann. Beide Formen bestanden zunächst parallel. Der militärische Offizierslehrling von 11-14 Jahren war keine Seltenheit in der französischen Armee, auch nicht der gleichaltrige Rekrut. Dieses Faktum hatte aber dann gravierende Auswirkungen, denn es führte zu einer zunächst nur organisatorischen, dann mehr und mehr auch inhaltlichen Verselbständigung militärischer Erziehung.

Um karrieremäßig mit dem schon als Knabe in die Armee eingetretenen Adeligen konkurrieren zu können, gleichzeitig aber auch den Vorteil der Kollegausbildung einzubringen, boten findige Privatleute solche Adelsakademien an, in denen alles, was zum Offizierberuf notwendig war, ebenso gelernt wurde wie - dann zwar reduziert - das der zivilen Kollegs. Bald wurden die klassischen Studien durch neue Sprachen, in Frankreich vor allem deutsch als Kommandosprache der französischen Armee und Mathematik angeboten. Zugleich lernte der Zögling Fechten, Reiten, Schießen, Exerzieren und war zugleich der brutalen Disziplin der Einrichtung unterworfen. Der Unterschied zwischen der zivilen Ausbildung und der militärischen war 100 Jahre später also recht groß. Einen Unterschied in den Erziehungsstilen gab es dagegen für die nächsten 150 Jahre nicht. Welcher Wandel sich innerhalb der 100 Jahre vom Beginn bis zum Ende des 17. Jahrhunderts vollzogen hat, läßt sich daran ermessen, dass zu Beginn dieser Zeit ein junger Adeliger, hätte man ihm auch nur Prügel angedroht, sofort zur Waffe gegriffen und den Anmaßenden erschlagen hätte. Am Ende des Prozesses begibt sich derselbe junge Mann freiwillig in eine Institution, in der die erniedrigendsten Körperstrafen an der Tagesordnung waren. Zu Anfang waren es wenige Einzelne, die den Weg gingen, am Ende des Jahrhunderts war es der normale Weg.

6.2 Nachahmung und Eigenständigkeit in Deutschland

Deutschland tritt in diesen Prozeß erst viel später ein. Militärische Erziehung und Ausbildung leidet in erster Linie darunter, dass noch um 1700 stehende Heere sehr klein oder gar nicht vorhanden sind. Deutsche Soldaten kämpfen unter französischer, niederländischer oder schwedischer Fahne (2/3 des französischen Heeres des Sonnenkönigs sind Deutsche). Für den kleinen Bedarf wird nach dem dreißigjährigen Krieg der Versuch gemacht, die Ritterakademien wiederzubeleben, Einrichtungen, die unter Wahrung der Standesprivilegien und der Standesehre des Adels eine halbwegs gelehrte Ausbildung anboten, aber noch nicht dem neuen Erziehungsstil verpflichtet waren. Man musste sogar die Kosten der Erziehung selber tragen, auch Uniformen gab es noch nicht. Sie sind alle wegen Misserfolgs eingegangen oder aufgelöst worden, in erster Linie, weil sie dem Landesherrn nicht das Potential an halbwegs gebildeten und zugleich loyalen und gehorsamen Dienern verschafften. Im Kampf um den absolutistischen Staat stand der Adel gegen den Landesherrn, und das Bürgertum war in Deutschland zu schwach, um die Macht des Adels auszubalancieren. Für den deutschen Landesherrn blieben die französischen Verhältnisse deshalb bis ins 18. Jahrhundert ein unerreichtes Ideal, und es sind ja auch nur die Größeren von ihnen in der Lage gewesen, dieses Ideal zu verwirklichen.

Für die spätere Entwicklung wird das preußische Beispiel tonangebend, und dort soll nun der Implementierungsprozeß militärischer Erziehung nachvollzogen werden. Zunächst ist auch hier festzuhalten, dass die zivile Erziehung im neuen Stil der militärischen vorweg ging, zumindest aber mit ihr parallel verlief, dass es keinerlei Widerspruch zwischen Erziehungszielen und -praktiken in Zivil und Militär gab.

Für die zivilen Einrichtungen sollen hier die Franckeschen Anstalten in Halle und die Halle'sche Universität stehen. An ihnen sind die Parallelen zu Frankreich und die deutschen Besonderheiten nachvollziehbar.

Zunächst muss festgehalten werden, dass die Halleshe Tradition eine protestantische war, der religiöse Hintergrund also ein andere Färbung hatte als im katholischen Frankreich. Gleich war aber, dass dieMotivation selbst religiöser Natur war. Ging es in Frankreich ursprünglich um die Wahrung der kindlichen Unschuld, so ist in Halle die Unterwerfung unter die Ordnung Gottes, nach Lutherischem Bekenntnis auch unter die politisch-gesellschaftliche Ordnung des Obrigkeitsstaates das zentrale Erziehungsziel. Es ist wie in Frankreich mit einer rigorosen Antisexualität verknüpft und lebt sich - wie dort, aber protestantisch verschärft und der individuellen Sphäre viel radikaler zugeordnet - in zwanghaften Phantasien von der menschlichen Sündigkeit, sprich (sexuellen) Triebanfälligkeit aus.

Die Strafsysteme sind dementsprechend rigoros und brutal. So werden in Preußen die Waisen-, Zucht- und Armenhäuser ebensolche Einrichtungen psychischer Deformation für Jung und Alt, wie in Frankreich die Kollegs. Die Stockprügel war alltäglich. Kinder, Jugendliche, Hausgesinde und Bauern waren ihr dauernd ausgesetzt. Selbst die Kinder des Adels hatten darunter zu leiden. Prügel war für den Adeligen ehrverletzend, den adeligen Kindern und Jugendlichen wurde die Ehre aber abgesprochen.

Mit Friedrich Wilhelm I., dem Soldatenkönig, wird der neue Erziehungsstil auch für den Offiziernachwuchs durchgesetzt. Er richtet die Kadettenanstalten ein, schickt Greiftrupps übers Land, um den verlausten und analphabetischen Nachwuchs des Landadels einzufangen und unterwirft ihn, die 7/8 - 16/18jährigen, eben dem Regime, das für Frankreich schon skizziert wurde. Begründet wird die Maßnahme damit, dass die bisher genutzten Akademien kein Erziehungsprinzip entwickelt hätten. Da die Zöglinge privat untergebracht würden, sei die gewünschte rigide Kontrolle nicht möglich und es hieß, der Erziehung fehle ein System fester Grundsätze.

Lesen, Schreiben, Rechnen, Französisch, Deutsch und religiöse Unterweisung sind Unterrichtsfächer, Exerzieren, Reiten, Fechten, Schießen füllen den Rest des Tages. Der Zögling unterliegt dem brutalen Regiment vom ersten Büchsenlicht bis in die Abendstunden ohne Pause immer unter Aufsicht, nie allein mit sich oder Gleichaltrigen und ohne Chance offener freundschaftlicher Bindungen zu seinen Kameraden. Seine emotionalen und heranreifenden sexuellen Bedürfnisse werden unterdrückt, wird er bei Versuchen von Onanie, homosexuellen Praktiken oder auch nur freundschaftlichen Gesprächen erwischt, wird er erbarmungslos bestraft.

Der gleichen brutalen Erziehung unterwirft der Soldatenkönig auch seinen Nachfolger, Friedrich den Großen. Aufs demütigendste für den Knaben, ja für seine Mutter und die Prinzessinnen, wurde die Prozedur durchexerziert. Als er als Halbwüchsiger bei einem Besuch in Dresden erste amouröse Erfahrungen machen könnte, wird er gehindert und öffentlich gedemütigt. Als er sich einem Freund, Katte, anschließt, und sich durch die Flucht dieser Erziehung entziehen will, wird dieser vor seinen Augen getötet. Wie es kommen musste, so kommt es. Dem psychischen Zusammenbruch folgt die Umorientierung, Anpassung an die väterlichen Normen, und es folgt die Verdrängung der emotionalen und sexuellen Bedürfnisse bis hin zur zumindest latenten homosexuellen Umformung des Triebhaushaltes.

In Preußen wird diese Erziehung schon unter Friedrich dem Großen gravierender Teile der religiösen Verankerung entfremdet und aufklärerisch rationaler Wertorientierung unterworfen, letztendlich reinen Staatszwecken. Gehorsam, Disziplin, Tugend, Loyalität sind nicht mehr der göttlichen Ordnung oder der gottgewollten Obrigkeit verpflichtet, sondern dem absolutistischen Herrschaftssystem als Selbstzweck. Dies wird aus der Instruktion von 1722 des Sodatenkönigs an seinen Nachfolger Friedrich deutlich: “Mein Successor muss das vor eine Politik halten ..., dass aus allen seinen Provinzen die von Adel und Grafen in die Armee employiert und die Kinder unter die Kadetten gepresst warden...so ist formidable vor seinen Dienst und Armee und ruht da in seinen Ländern...die ewige Seligkeit ist vor Gott, alles andere aber muss vor mir sein.” Die genannten Tugenden entwickeln sich in dieser Zeit zu primären Werten, ihr Charakter als Sekundärtugenden tritt mehr und mehr in den Hintergrund, auch wenn letztlich über die religiöse Rechtfertigung des Gottesgnadentums bis ins 19. Jahrhundert hinein ein vordergründiger Bezug zu den religiösen Wertorientierungen der Ausgangszeit erhalten bleibt.

In einer Beziehung fällt die französische und deutsche Entwicklung aber auseinander. Die französische Universität ist in der fraglichen Zeit bedeutungslos und leistungsunfähig. Die Kollegs haben ihre Funktionen übernommen und ihre Absolventen werden die höheren Staatsbeamten. In Deutschland, typisches Beispiel ist wieder Halle, ist die Universität weiterhin geistiges Zentrum. Zugleich gelingt es dem absolutistischen Staat, besonders für die Ausbildung seiner höheren Beamten, diese Universität so umzustrukturieren, dass sie den neuen Anforderungen einer merkantilistischen und kameralistischen Staatsverwaltung gerecht wird. Halle z.B. wurde berühmt wegen seiner staatswissenschaftlichen Ausbildung im europäischen Zentrum des damals modernsten Kameralismus. Der dort ausgebildete Beamtentypus ist aber weder durch die Mühle französischer Kollegs noch preußischer militärischer Kadettenerziehung gegangen. Sein Standesbewußtsein ist fachlich orientiert, und der Beamte bleibt emotional und intellektuell flexibler und offener als sein Äquivalent im französischen Staat. Ohne diesen Hintergrund wären weder die Reformbestrebungen der preußischen Beamtenschaft vor 1806 erklärbar, noch die relative Offenheit der preußischen Beamten für die neuen sozialen Fragen in der ersten Hälfte des 19. Jahrhunderts.

In Frankreich hat sich der Kollegzögling zur Stütze des Staates gemausert, französische Verwaltung ist davon indirekt bis heute geprägt. In Preußen wird dieselbe Stütze des Staates aber nicht die höhere Beamtenschaft, sondern das Offizierskorps. Der neue militärische Geist greift im späten 18. Jahrhundert generell durch die Übernahme von ehemaligen Soldaten in den Staatsdienst (Polizei, Volksschullehrer, untere Verwaltung) auch mehr und mehr über. Erst Bismarck und der preußische Innenminister von Puttkamer haben die im Verhältnis zum Militär liberalere Tradition des preußischen Beamtentums zerstört und die Beamtenschaft durch eine rigorose, reaktionäre Personalpolitik zu einer historischen Belastung für die deutsche politische Entwicklung gemacht.

In einer anderen Hinsicht gibt es noch einen politisch und sozialgeschichtlich höchst bedeutsamen Unterschied zwischen der französischen und der deutschen Entwicklung. In Deutschland schickt das Bürgertum seine Söhne nicht in solche Internate, wie sie die französischen Kollegs darstellen. Orthodoxes Luthertum und Pietismus sind beide im 18. Jahrhundert in der Lage, den neuen Erziehungsstil in die bürgerliche Familie zu verlegen. Strafende Instanz wird nicht nur der fremde Erzieher als Hauslehrer, sondern auch der

Hausvater, der, soweit es schon öffentliche Schulen gibt, von den Lehrern im Erziehungsstil vielleicht noch überboten wird. Brutale Strenge, sozusagen nach dem königlichen Vorbild in Berlin, wird oder bleibt das Instrumentarium vom Hochadel bis ins moralisch oder sozial aufstrebende Kleinbürgertum. Die "öffentlichen" Institutionen - wie etwa die Franckeschen Stiftungen - blieben überwiegend den Armen und Waisen vorbehalten.

Das Internatsystem ist und bleibt bis in die 2. Hälfte des 19. Jahrhunderts das militärische Erziehungssystem für den verarmten Landadel. Das ist leicht daran zu erkennen, dass stets weniger Plätze für Kadettenerziehung vorhanden waren als Nachfrage. Offizierswaisen und Kinder höherer Beamten, die keine standesgemäße Versorgung erhalten konnten, wurden bevorzugt, und es gab viele Bettelgesuche verarmter Adelsfamilien um einen Platz für die Söhne.

Erst im 19. Jahrhundert entwickelt sich in Deutschland auch eine Internatserziehung für das Bürgertum, aber auch hier in erster Linie für die rigorose Disziplinierung missratener Söhne. Noch im letzten Drittel des 18. Jahrhunderts galt der reiche Adel dem deutschen Bürgertum als frivol, sexuell freizügig bis zur Libertinage, und für eine bürgerliche Mätresse eines Adeligen galt noch, dass ihr Verhältnis einen sozialen Aufstieg bedeutete. Die Kluft zwischen den jeweiligen moralischen Selbstbildern von deutschem Bürgertum und reichem Adel war enorm.

In Deutschland ist also der neue Erziehungsstil eine Selbstbindung des Bürgertums und eine Zwangsbindung des verarmten Adels, d.h. das Normengefüge des christlichen Mythos ist zentraler Bestandteil des christlichen Erziehungssystems. Es bestimmt die Lebens- und Wahrnehmungswelt und ist intern nicht hinterfragbar. Seine Institutionalisierung findet im Gegensatz zu Frankreich zunächst nur für das Militär und die Adressaten "öffentlicher" Fürsorge statt, womit für das 19. Jahrhundert ganz entscheidende Weichen gestellt werden.

6.2.1 Die psychische Verankerung der militärischen Normenwelt

Schauen wir uns nun eine solche Kadettenanstalt im ersten Drittel des 18. Jahrhunderts an. Ob wir nun eine preußische nehmen oder die, durch die eine Generation später Friedrich Schiller in Württemberg ging - sie sind in ihrer inneren Verfassung alle gleich. Über die Ausbildungsgegenstände ist auch nichts wesentlich Neues zu berichten. Hier wie in Frankreich hat sich eine pragmatische und "moderne" Ausbildung durchgesetzt, diese hatten die Tradition der Lateinschule und des Lernens an den lateinischen Klassikern überwunden.

Im Mittelpunkt der theoretischen Fachausbildung stehen Deutsch, Französisch, Mathematik, Geografie und Festungsbau. Zur praktischen Ausbildung in Frankreich kommt noch Musizieren. Tatsache ist, dass die religiöse Erziehung integraler Bestandteil des Erziehungsystems war und neben allen religiösen Übungen allein vier Stunden Unterricht pro Woche umfasste. Natürlich hatte sie entscheidende Bedeutung bei der Legitimation dieser Erziehung gegenüber dem Zögling. Da über einzelne Sozialisationsmechanismen schon berichtet wurde und deren psychische Wirkungen angedeutet wurden, kann die folgende zusammenfassende Darstellung knapp sein.

Gegen 05.00 Uhr wurde geweckt, kurze Zeit später, die für die notwendigsten Verrichtungen eh zu knapp war, religiöse Übungen (Messe, Frühgebet), Frühstück, Unterricht, Exerzieren, Mittagessen, Unterricht, Exerzieren, Putzen, Flicken, Abendessen, religiöse Übungen, 21.00 Uhr Nachtruhe, sonntags lange Gottesdienste, kein oder höchst seltener Ausgang, Isolierung von der Familie.

Während des Tages war der Kadett ständig unter Aufsicht, ob beim Waschen, Anziehen, Essen, im Unterricht, in den Pausen, selbst zur Toilette wurde er begleitet. Er war außerdem nie allein, da er nur in großen Sälen lebte, keine Zimmer vorhanden waren. Nachts brannte in den Schlafsälen Licht, um das Onanieren zu verhindern. Der Wachhabende kontrollierte, ob die Hände auf der Bettdecke lagen (Vermeidung sexueller Spiele), verhinderte das zueinander in die Betten Kriechen. Für emotionale Bedürfnisse und jugendliche Sexualität musste die Aufsicht getäuscht werden, wurde man erwischt, dann war das mit den schlimmsten Strafen und Demütigungen verbunden. Kontakt zu Mädchen und Frauen wurde völlig unterbunden, um heterosexuelle Anregungen zu vermeiden. In den ersten gut hundert Jahren waren die Unterrichtsgruppen nicht nach dem Alter sondern nach ihren Vorkenntnissen eingeteilt. So konnten in einer Klasse 8-, 12-, und 18-jährige Knaben und Männer zusammen leben und lernen. Dazu kam, dass schnell ehemalige Zöglinge zu Tutoren und Erziehern gemacht wurden, die sowohl die Verfolgungspraktiken gegen Homosexualität kannten und auch diese selber als Opfer erlebt hatten. Es war in Deutschland Praxis, dass die homoerotisch codierten Aufseher Homosexualität nur verfolgten, wenn es in ihrem Interesse lag. Um diese Situation zu entschärfen, wurden Klassen aus gleichaltrigen Schülern gebildet.

Gestützt wird dieses widernatürliche Erziehungssystem durch ein System von Strafen. Die geringfügigsten sind noch der teilweise oder vollständige Essensentzug oder der Arrest. Die Prügelstrafe (auf entblößte Körperteile) ist an der Tagesordnung. Dazu kommen Ehrenstrafen, die in einem Zeitalter extrem entwickelten Ehrgefühls bösartig zu nennen waren, verbunden mit religiös oder moralisch unterlegtem Psychoterror (Sündigkeit, Hölle, Vorwurf mangelnder Sittlichkeit, der Verworfenheit etc.).

In den Kadettenanstalten waren für aus heutiger Sicht läppische Vergehen Krummschließen (entgegen der natürlichen Krümmungshaltung) mit Stricken und mit Ketten, z. T. tagelang Liegen lassen, Festungsarbeit, ja die Todesstrafe, durchaus an der Tagesordnung, z. T. war es das Drohpotential für den Psychoterror. Sie sind für die ersten Jahrzehnte des 18. Jahrhunderts auch für Preußen belegt.

Die Schüler unter sich waren, als die Einteilung nach Altersklassen durchgeführt war, in ein ähnliches System strafender Hierarchie eingebunden. Ältere hatten das Recht (oder nahmen es sich), die Dienste der Jüngeren auch dann in Anspruch zu nehmen, wenn diese dadurch ihren eigenen Dienst vernachlässigen mussten und der Bestrafung durch Lehrer und Aufsichten ausgeliefert wurden. Ältere erzwangen den Gehorsam der Jüngeren durch selbstorganisierten Terror. Desgleichen wurde in einem System von Kollektivstrafen der Verursacher solcher Strafen zusätzlich durch die eigenen Kameraden aus Rache gequält. Diese internen, von den Schülern selbst organisierten Zwänge waren zwar verboten, wurden aber geduldet, gefördert und nur dann bestraft, wenn die Gefahr einer Untersuchung von außen drohte. Dieses offizielle und inoffizielle Terrorsystem hatte einen so schlechten Ruf, dass um 1730 die Adelsfamilien noch Widerstand leisteten, wenn ihre Söhne in die Kadettenanstalten sollten. Um diesen Widerstand zu brechen, wurde der Armee verboten, wie bisher üblich, die 11- bis 14-jährigen als Soldatenlehrlinge einzuziehen.

Der Kadett war also der Organisation völlig ausgeliefert und hatte erst dann eine Chance, eigene Bedürfnisse auf Kosten anderer zu befriedigen, wenn er sich voll angepasst hatte und den älteren Jahrgängen angehörte. Auch dann hatte er die Quellen seiner Befriedigung in der Anstalt zu suchen und in Konkurrenz mit den Gleichaltrigen zu erreichen.

6.2.2 Rechtfertigung und Zeitgebundenheit

Zweck all dieser Mechanismen ist es, die Persönlichkeit des heranwachsenden Jungen zu brechen, seine Anpassung an die Normen des Militärs, der ständischen Gesellschaft, des absolutistischen Staates und an die sexualfeindlichen Vorstellungen von Sittlichkeit der herrschenden Religion zu erzwingen. Dies ist nicht etwa eine unbewusst herbeigeführte Folge des Erziehungssystems, sondern eine auf psychologischer Beobachtung von Kindern gegründete bewußt organisierte Erziehung, die auf die psychische Verankerung des vorgegebenen Normengefüges abzielt. Die ersten Schriften, die genau dieses beschrieben, sind im ersten Jahrzehnt des 18. Jahrhunderts in Frankreich erschienen. Sie waren von Geistlichen verfasst. Sie hatten - ohne diese Begriffe gekannt zu haben - die Verdrängung von emotionalen und sexuellen Bedürfnissen als Hilfsmittel der Verinnerlichung des Normengefüges erkannt und durch eine systematisch erzeugte ständige Drohung mit Strafe und daraus resultierende Strafangst diesen Verdrängungsmechanismus bedient.

Das bedeutet zugleich, dass diese Normfixierung über die Verdrängung sexueller Regungen an einen der stärksten Triebe des Menschen festgemacht wurde, dass die psychische Fixierung damit indirekt in die nächste Generation übertragbar wurde und dass vor allem alles, was gegen diese Normierung an Anfechtungen von außen kam, hochgradig angstbesetzt wurde und im Selbstschutz dagegen zu einer nicht aufhebbaren Agressivität gegen diese Anfechtungen führte. Was an sexuellen Praktiken und Wünschen übrig geblieben war nach dieser Zeit, war so sehr tabuiert, dass offene Sexualität aus dem gesellschaftlichen Leben dieser Offizierskaste (und ebenso aus der bürgerlichen Gesellschaft, die dies in Familienerziehung fertig brachte) völlig verschwand.

In der Kadettenzeit selber war sexuelle Entlastung nur in Onanie und homosexuellen Beziehungen möglich. Da die Strafangst zu weitgehender Unterbindung führte, wurde Homosexualität zu einer latenten Existenz verdammt und zu einer heimlichen Angelegenheit. Das Problem "widernatürlicher Unzucht" - so das 18. Jahrhundert - war allgegenwärtig. Ganze pädagogische Bücher sind damit gefüllt worden. Über die internen Praktiken homosexueller Art in den Kadettenanstalten sind wir besser erst um die Jahrhundertwende vom 19. zum 20. Jahrhundert informiert. Diese Mitteilungen zeigen aber einen zweiten, wesentlichen Aspekt so strukturierter Jugendpsychen. Offene oder latente Homosexualität zeigt sich dort als ein Strukturmerkmal innermilitärischer psychisch determinierter Loyalitäten. Homosexualität und Angst vor heterosexuellen Beziehungen fixieren den psychischen Haushalt des Betroffenen auf die Militärorganisation, auf Männergesellschaft schlechthin und letztendlich auf den idealisierten Staat.

Noch eine andere Folge dieser Erziehung ist bemerkenswert, auch wenn wir die besseren Belege für diesen Zusammenhang aus der zweiten Hälfte des 19. Jahrhunderts haben. Aber auch schon hundert Jahre früher lassen sich diese Folgen feststellen. Es sind indirekte Auswirkungen des Erziehungsstils. Wichtigste Nebenfolge ist ein Hang zur Mystifizierung, ja ein mystisch geprägtes Lebensgefühl. Analytisch-rationale Erklärungsmuster stoßen bei diesem Menschentyp auf Unverständnis. Dort, wo die Verinnerlichung der offiziellen Normen gegen sehr große innere Widerstände erzwungen wurde, wird ihnen sogar mit Aggressivität begegnet. Eine psychologische oder psychoanalytische Erklärung dieser Prozesse wäre bei diesen Männern auf empörte Ablehnung gestoßen.

Dieser Mystizismus betrifft vor allem den eigenen Beruf. Führertum, Heldentum, Dienst, Tradition und das Sterben werden emotionale Kategorien. Sie werden in transzendentale Bezüge verwoben, überhöht. Ein psychisch bedingter, also durch die geschilderte Sozialisation erzwungener Hang, all diese Dinge symbolisch zu fassen, um seine irrationalen Emotionen an diese Symbole zu heften, ist Grundlage des Lebensgefühls. Hier wirkt der christliche Mythos unerkannt vom Einzelnen, aber unbegrenzt. »Heilige« Zahlen (z.B. die 3), Abzeichen,

Orden, Zapfenstreich (im 19. Jahrh.) und das »Heiligste«, die Fahne, sind solche Symbole, um derentwillen der so Erzogene selbst in militärisch unsinnigen Situationen sein Leben einsetzt.

Andererseits schlägt die tief verankerte Angst vor der eigenen Lust in Aggressivität um gegen die, die sie provozieren: gegen Frauen, speziell die erotische Frau und gegen diejenigen, die sich nicht auf die militärische, staatliche, religiöse und sittliche Normierung und den berufsspezifischen Mystizismus haben fixieren lassen und durch ihr freies - zumindest freieres - Leben eine ständige Herausforderung des soldatischen Mannes darstellen. So wird dieser Offizierstyp auch psychisch zum militärischen Einsatz gegen die freiheitlichen Bestrebungen seiner eigenen Gesellschaft disponiert und letztlich entgegen dem offiziellen eigenen Berufsethos zum wahllosen, weil durch die Führung vorgegebenen Töten determiniert. Nur eine Hemmung in dieser Determinierung gibt es: Die moralischen Bindungen und Fixierungen derjenigen, die dieses Instrument bedienen. Und diese Hemmung ist wesentlich für das 17. und 18. Jahrhundert. Sie zeigt zugleich die historische Bedingtheit des ganzen Erziehungssystems, wie auch einzelne Aspekte oder Versuche, es in seiner Zeit neuen Zeitströmungen anzupassen.

Zunächst müssen die moralische Rechtfertigung dieses Systems und seine eigenen moralisch bedingten Beschränkungen erläutert werden. Das System ist ein Kind der Aufklärung: Zunächst der religiösen Aufklärung, dann auch der rationalistisch-philosophischen. Die religiöse Begründung so praktizierter Erziehung ist schon erläutert worden, die selbst verordneten Grenzen der Anwendung des so erzogenen Instrumentes Mensch wurden zumindest angedeutet.

Politisch ist diese Erziehung ein Teil innergesellschaftlicher Befriedung durch die Errichtung und Verfestigung des Gewaltmonopols des Staates, zugleich aber auch ein Instrument zur Domestizierung des Krieges, dessen instrumenteller, nahezu künstlich anmutender Charakter in den Kriegstheorien der Zeit und der Kriegspraxis manifest wird. Politisch gehört diese Erziehung also in doppelter Hinsicht zu dem Versuch, Gewalt zu begrenzen, zu kanalisieren und zu domestizieren, indem sie einerseits monopolisiert wird und durch ihre effektive Androhung nach innen und außen neutralisiert wird. Dazu bedarf es der Instrumentalisierung des menschlichen Gewaltpotentials und der psychischen Verankerung dieser Instrumentalisierung im einzelnen Offizier. Der Nichteinsatz oder ultima - ratio - Einsatz solchen Militärs, wie unter dem Soldatenkönig, ist also die politische Maxime.

Erfolgt der Einsatz doch, kann er nur im Rahmen zeitgenössischer Vorstellungen von Recht und Unrecht erfolgen. Er bleibt gebunden an die religiösen Normen der Gewalteinhegung, an die gesellschaftliche Norm der Ehre des adeligen Offiziers und moralisch an die Idee des gerechten Krieges. Daraus erklärt sich die Empörung französischer Offiziere über den Überfall der preußischen Truppe in der Schlacht von Rossbach. Es gehörte sich nicht, den kommandierenden Fürsten zur überstürzten Flucht zu nötigen und ihm und seiner Entourage damit die Würde zu nehmen. So zeigt sich die ethische Bindung dieses Militärsystems zugleich als Rechtfertigung seines Erziehungssystems.

Noch in anderer Hinsicht ist die Zeitgebundenheit dieses Konzeptes erkennbar und dabei auch der politische Zweck des Ganzen. Staatsorganisation, wirtschaftlicher Entwicklungsstand, hier sowohl die sich zum Außenhandel entwickelnden Handelsbeziehungen wie auch die Produktion für "Märkte" in Großbetrieben, alles zusammengefasst in einer merkantilistischen, staatlichen Wirtschaftspolitik, setzen Differenzierungen, Disziplin, Leistungsautorität, Gehorsam und Funktionärsleistungen (als Offizier, Beamter, Betriebsleiter) voraus und zwar solche, die loyal auf den Staatsverband orientiert sind. Somit ist diese Erziehung, ob nun im zivilen oder im militärischen Sektor, als Disziplinierungssystem für den Entwicklungsstand des Gesellschaftssystems unverzichtbar. Diese Disziplinierung benutzt das Gewaltsystem in erster Linie deshalb, weil der Stand pädagogischer Erfahrung andere Kenntnisse nicht bietet, ist also nicht Gewalt als Selbstzweck.

Als zwei Generationen später andere Vorstellungen, etwa die Rousseaus oder Pestalozzis oder die der französischen Aufklärung in Deutschland Fuß fassen - Beispiel Bayern unter Rumford -, wird auch das rigorose Erziehungssystem humanisiert, bleibt es während der Revolutionskriege und bis in die 20er Jahre des 19. Jahrhunderts erstaunlich liberal und wird erst in der Zeit offener Restauration zurück entwickelt. In Preußen wird mit den Reformen nach 1808 sogar die Abschaffung der Kadettenanstalten gefordert, allerdings vom König und der reaktionären Adelskamarilla verhindert. Für den König war klar, dass er nur aus den Kadettenanstalten Offiziere erhielt, die ihm fraglos gehorchen würden.

Auch die ethische Bindung wird fortschreitend mit der aufklärerischen Substanz des öffentlichen Diskurses anzupassen versucht. Friedrich der Große befiehlt die Einrichtung eines Philosophieunterrichtes und die Durchsetzung einer rationalistischen, aufklärerischen Ethik im Kadettenunterricht, scheitert damit aber sowohl an den Kadetten als auch an ihren Erziehern - was beides nicht weiter verwundert.

Mythos ist dort wirkmächtig, wo er praktiziert und geglaubt wird. Der vom Mythos geprägte und in seinem Handeln bestimmte Mensch muss nichts über dessen Wirkung und Bedeutung wissen. Letzteres ist offenbar nur demjenigen möglich, dem der Ausbruch aus diesem Denk- und Handlungssystem gelungen ist oder aufgrund anderer Erfahrungen Distanz dazu hat. Im Umkehrschluss heißt das aber für unser Beispiel, dass das Militärsystem der frühen Neuzeit, wie geschildert, in nahezu allen Aspekten vom christlichen Mythos beherrscht wurde. Ob es sich um die Form der Organisation nach den heiligen Zahlen der Bibel, um Unterwerfungsrituale oder Machtrepräsentation in Form von Besichtigungen und Paraden handelt, ob gemeinsame Gebete auf Kommando oder Huldigungsformen, es ist alles in diesem Geist gewollt, geglaubt und gelebt.

Wie mächtig der politische Wille und der christliche Glaube der absolutistischen Herrscher war, sich das Militär zu unterwerfen, ist an der Rigorosität der Maßnahmen und der die Rechtsgläubigkeit zum Maßstab machenden allgemeinen Praxis erkennbar. Ihr zentraler Hebel, der Organisation, Ritual und Alltagspraxis zusammen hielt, war über die Jahrhunderte die Kadettenerziehung von ihren ersten Formen bis hin ins voll ausgeprägte System des 18. Jahrhunderts. Es war brutal, menschenfeindlich und ausweglos für den einzelnen Kadetten. Ihm blieben nur Unterwerfung und heimliche homoerotische Bindungen. Und selbst damit hat dieses Militärsystem trotz aller Verteufelung und interner Verfolgung sich noch einen Stabilisierungsfaktor für den Zusammenhalt der Truppe verschafft und - heute können wir diesen Mechanismus erklären - unwillentlich zusätzliche politische Zuverlässigkeit und militärische Einsatzbereitschaft bis zur Selbstaufgabe für seine Architekten verschafft.

Diese Hinweise mögen genügen, um zwei Dinge als wesentliches Ergebnis festzuhalten: Erstens ist das Erziehungssystem extrem zeitgebunden und auf gesellschaftliche und staatliche Bedürfnisse eben dieser Zeit abgestellt, also kein Instrument gegen die Gesellschaft. Zweitens ist es ein Erziehungssystem für pubertierende Knaben, das den Standard psychologischer und ethischer Erkenntnisse und Normen seiner Zeit in Erziehungspraxis umgesetzt hat. Beides ist zur Beurteilung dessen, was das 19. und 20. Jahrhundert aus diesem System gemacht hat, von erheblicher Bedeutung.

7 Die Eigendynamik militärischer Erziehung im 19. und 20. Jahrhundert

Jena und Auerstedt bedeuten nicht nur eine vernichtende Niederlage für die preußische Armee. Mit ihr geht auch das vom Mythos geprägte Militärsystem unter. Schon lange, spätestens nach den Erfahrungen des ersten Koalitionskrieges gegen Frankreich ist vielen, vor allem auch Offizieren dieser Armee klar geworden, dass Reformen notwendig seien. Manche pragmatischen Änderungen aus eben solchen Erwägungen hat es gegeben, doch am System und damit auch am alten Geist wurde festgehalten. Die Siege Friedrichs des Großen und sein perfektioniertes Militärsystem wurde allen anderen Armeen überlegen geglaubt und als Garant für die Stabilität des Systems angesehen. Die gesellschaftliche Entwicklung in Preußen war aber, wenn auch nicht ohne weiteres erkennbar, viel weiter gegangen, war bürgerlicher, aufgeklärter und in ihren Vertretern selbstbewusster geworden. Sie war aber auch immer noch in vielen Bereichen stark traditionsorientiert, von christlichen Vorstellungen beherrscht. Das hat auf die weitere Entwicklung großen Einfluss gehabt. Die Sorge aber der herrschenden adeligen Elite und vor allem des Königs, dass der neue Geist ihre und seine Macht infrage stellen könnte, ist unübersehbar.

Für das Erziehungswesen hatte das erhebliche Folgen. Die Unterschiede in der Entwicklung in Frankreich und Deutschland vergrößern sich auch für das militärische Erziehungswesen. In Deutschland wird in Sorge vor den Folgen von Liberalisierungstendenzen in der Gesellschaft durch bewussten und systematischen Rückgriff auf die Organisation und die Prinzipien des 18. Jahrhunderts der militärische Nachwuchs auf den reaktionären Staat fixiert.

Hatte sich in Frankreich eine Fortentwicklung auch des militärischen Erziehungsstils im Geiste des Nationalstaates durchsetzen können, die zur Folge hatte, dass um 1830 noch ca. 80 % aller Gymnasiasten in Internaten erzogen wurden, entwickeln sich in Deutschland zivile und militärische Erziehung auseinander. Damals trifft dies noch eher auf den Gesamtkontext der Sozialisation zu als auf einzelne Erziehungsstile. Auch in der zivilen bürgerlichen Erziehung bleiben Antisexualität, rigide Normorientierung, insbesondere die Fixierung auf die Erziehung zu den traditionellen Sekundärtugenden Gehorsam, Disziplin und Sauberkeit erhalten. Diese Erziehung erhält aber ihre relativierenden Elemente durch die Gruppendynamik im öffentlichen Schulwesen wie durch die Aufrechterhaltung der familialen emotionalen Beziehungen und die Ausweichmöglichkeiten des Zöglings in der täglichen Lebenssituation.

Auf den erfolglosen Versuch Scharnhorsts, die preußischen Kadettenanstalten aufzulösen, wurde schon hingewiesen. Interessant ist in dieser Hinsicht allerdings die Begründung, die der preußische König für seine Weigerung angab: Sie seien die Pflanzstätten eines der Monarchie ergebenen Offizierskorps. Hatten die Nachfolger Friedrichs des Großen schon keine Anstalten gemacht, die Kadettenerziehung dem neuen Zeitgeist entsprechend zu modernisieren, so waren der Zusammenbruch Preußens 1806 und die Freiheitskriege für den regierenden König eher Gründe, an der Kadettenerziehung in der alten Form festzuhalten.

Bei der Beurteilung dieser Entwicklung darf man nicht vergessen, dass wegen des Bedarfs im Krieg gegen Napoleon die alten, nach der Niederlage entlassenen Offiziere wieder eingestellt wurden. Für sie waren die Forderungen der Reformer eine praktische und emotionale Zumutung. Die Professionalisierung und die neue Rationalität des Berufs wurden nicht wirklich akzeptiert. Aus ihrer Sicht wurde ein gesamter kultureller Zusammenhang zerstört, eine Leere entstand, die mit neuem Geist hätte gefüllt werden müssen.

So beginnt eine romantische Verklärung der Vergangenheit, die sich an den alten Formen militärischer Rituale und Verhaltensmuster festmacht. Verloren gegangen war vor allem das, was oben als Männerballett beschrieben worden ist: die sichtbare Zurschaustellung des Systems und der darin verankerten rituellen Rolle. Wie die Ständegesellschaft wurde die religiös durchformte Militärmaschine und ihre Ritualisierung und Symbolisierung zerstört. Ehemals waren sie in der formalen Ästhetik des Barock, sichtbar an den Zweck der Einhegung von Gewalt und ihre dosierte, kalkulierte und begrenzte Anwendung eingebunden.

Nunmehr galt die Rationalisierung der Gewalt für ihren optimalen Einsatz und das Ressentiment gegen die Moderne zog daraus in vielen Bereichen seine Kraft. Die Unsicherheiten, die in der Reformzeit aus äußeren, meist finanziellen Schwierigkeiten und durch den Geist der Freiheitskriege aufgekommen waren, wurden nach 1818 im alten vorrevolutionären Sinne geregelt. Die zunächst eingestellten zivilen Gouverneure, akademisch gebildete Erzieher, wurden weitgehend bis 1820 wieder entlassen, weil sie sich an Demonstrationen zugunsten des Turnvaters Jahn beteiligt hatten. Der akademische Geist vertrug sich offenbar nicht mit der militärischen Zucht und mit den Grundsätzen, in denen die Kadetten erzogen werden sollten.

Diesen Widerspruch zum Zeitgeist kann man auch in der innermilitärischen Entwicklung feststellen. Die preußische Kriegsschule, die von Scharnhorst 1810 gegründet wurde, nimmt sich wie ein programmatisches Gegenkonzept gegen die Abrichtungspraktiken der Kadettenanstalten aus. Individuation, Bildung, selbstbestimmtes Lernen, Wissenschaftlichkeit der Ausbildung konnten mit der akademischen zivilen Ausbildung allemal Schritt halten. Sie sind ethisch im Neuhumanismus und philosophischen Idealismus fundiert und politisch auf die Entwicklung einer deutschen Nation ausgerichtet. Militär und Gesellschaft (und Staat) werden darin als in Harmonie miteinander befindlich verstanden. Diese Konzeption ist schon zehn Jahre nach Beginn der preußischen Militärreform gescheitert. Die letzten Vertreter dieser Politik, von Boyen, Grolmann, von Humboldt und Beyme werden 1819 entlassen. Die Reaktion kommt voll zur Wirkung.

Im schon erwähnten bayerischen Beispiel war die Erziehung seit der Ära Rumford „auf Liebe" gegründet. Die Kadetten bekamen so viel Ausgang und Urlaub wie möglich, wurden in die Hofgesellschaft eingeführt, zu Bällen und anderen Vergnügen geladen und sollten durch Güte zum fleißigen Lernen angehalten werden. Die Absolventen der Einrichtung haben wohl auch militärisch alle Erwartungen erfüllt. Der Geist der Reaktion, der in den 20er Jahren des 19. Jahrhunderts überall in Deutschland Oberhand bekam, hat aber auch dieser Modernisierung in Bayern ein Ende bereitet. Die Reglements der vorrevolutionären Zeit wurden wieder eingeführt und zum Teil ganz erheblich verschärft. Urlaub war während der ganzen Kadettenzeit höchst unerwünscht und wurde so gut wie gar nicht gewährt, Ausgang nur in Begleitung von Aufsichtspersonen am Sonntag für wenige Stunden. Besuch durfte nicht empfangen werden, schon gar nicht von Frauen, auch nicht von der eigenen Mutter. Das Aufsichtswesen innerhalb der Anstalt wurde so sehr verschärft, dass selbst der Toilettengang nur unter Aufsicht eines Aufpassers erlaubt wurde. Die alten Strafen, wiewohl im Widerspruch zum Geist der Zeit, wurden mit extremer Härte gehandhabt. Furcht sollte die Gemüter beherrschen.

In Preußen, wo eine ganz kurzfristige Abschaffung der Körperstrafen stattfand (Januar 1818), wurden diese schon im August wieder eingeführt und das, obwohl in der Truppe seit den Scharnhorstschen Reformen Körperstrafen untersagt waren. Zwar war das Adelsprivileg aufgehoben worden. Dadurch, dass die Freistellen (Stipendien) aber nur Offizierssöhnen offenstanden, blieb die Kadettenanstalt im Wesentlichen eine Einrichtung des verarmten Adels. Denn trotz der Freiheitskriege gab es nur sehr wenige bürgerliche Offiziere im preußischen Heer, die dieses Recht für ihre Söhne hätten in Anspruch nehmen können. Damit wurde durch den Druck der sozialen Abhängigkeit dieses Kadetten- und damit auch des Offizierskorps völlig auf das monarchische System fixiert. Diese Fixierung war wegen der geschilderten Folgen in der psychischen Struktur des Kadetten emotionalen, rationalen Gegengründen nicht mehr zugänglich. Sie war zugleich eine psychische Konditionierung gegen die politischen Freiheitsbestrebungen der Zeit. Reaktionäres Königtum schuf sich so ein reaktionäres Offizierkorps.

War der nach innen gerichtete Impuls der absolutistischen Militärpolitik im Einklang mit dem Zeitgeist auf gesellschaftliche Befriedung, auf Unterdrückung privater Gewaltpotentiale gerichtet - und vor allem ethisch fundiert -, so geht die innenpolitische Ausrichtung des reaktionären Offizierskorps des 19. Jahrhunderts auf Unterdrückung gesellschaftlicher Modernisierung und gegen die noch zaghaften Regungen des Bürgertums in Richtung auf politische Mitsprache und ohne eine ethische Rechtfertigung. Diese nach innen gerichtete Gewaltpolitik lässt sich allenfalls noch indirekt als Sekundärmotivation durch die Begründung des autoritär-monarchistischen Prinzips als Gottesgnadentum, als Teil einer göttlichen Weltordnung rechtfertigen. Nur dann, wenn man diese im 19. Jahrhundert pseudo-religiöse Begründung des monarchistischen Systems akzeptiert, ist der unbedingte Gehorsam gegenüber dem Monarchen zugleich Gehorsam gegen die gottgewollte Ordnung. Nur so kann der militärische Normenkodex überhaupt noch eine (wenn auch nur eine indirekte) moralische Bindung formulieren.

Der Rückgriff auf diese Rechtfertigung in der Reaktionszeit war aber schon eine politische Maßnahme und nicht genuin religiöser Natur. Nicht weil die Religion es vorschrieb, wurde so argumentiert, sondern weil man nur mit Hilfe religiös kaschierter politischer Tradition überhaupt eine Rechtfertigung konstruieren konnte. Letztlich wurde somit eine unmittelbare ethische Rechtfertigung der Erziehung aufgegeben und durch eine politische Rechtfertigung ersetzt. Zugleich wurden die dem neuesten Stand pädagogisch-psychologischen Wissens entsprechenden Erziehungsmethoden verworfen, weil sie zu einer autonomen Persönlichkeit führen konnten. Vielmehr wurde auf die alten Abrichtungspraktiken zurückgegriffen, da der so zugerichtete Zögling keiner rationalen Rechtfertigung bedurfte, sondern durch den Mystizismus der alten Lebenswelt zugleich auch gegen die freiheitlichen Tendenzen der Zeit immunisiert war. Deshalb führt man in dieser Zeit auch eine heiße Debatte um die notwendige Dauer der allgemeinen Wehrpflicht.

Man wusste aus den Freiheitskriegen, dass man mit Zeiten unter einem Jahr hinreichende Ausbildung betreiben kann, gefordert werden aber drei, vier, ja fünf Jahre Dienstzeit. Die einzige auch offen debattierte Begründung war jedoch die Hoffnung, auf diese Weise den Wehrpflichtigen auch zu einem loyalen Monarchisten erziehen zu können und dann das Heer auch für innere Einsätze disponibel zu haben. Entsprechend den Erfahrungen mit den alten militärischen Erziehungspraktiken machte man nicht einmal den Versuch, den Wehrpflichtigen politisch-ideologisch zu indoktrinieren. Vielmehr bestand die (begründete) Hoffnung, durch den unmenschlichen Kasernenhofdrill den Wehrpflichtigen in seiner Persönlichkeit zu brechen und psychisch auf die Disziplin- und Gehorsamsforderungen des Militärs festzunageln. Der erfolgreiche Einsatz des preußischen Wehrpflichtigenheeres 1849 gegen die 48er Revolution hat diesem Konzept letztendlich sogar Recht gegeben.

Die militärische Erziehung wurde so zu einer „wertlosen", politisch-funktionalistischen Abrichtung von Jugendlichen auf die Zwecke der Militärorganisation. Deren Hauptzweck wird im 19. Jahrhundert die Sicherung des monarchischen Staates nach innen. 1830 und 1849 wird dies ganz offenkundig: Deutsches Militär ist Bürgerkriegsmilitär geworden. Trotzdem blieb ein Rest von ethischen Bindungen, der das Gewaltpotential, das in dem so erzogenen Offizierkorps steckte, bändigen konnte. Da blieb etwa der traditionalistische Ehrbegriff, der eine völlige Instrumentalisierung nicht zuließ, da blieb auch der religiös verstandene Staatszweck. Auch wenn seine Fundierung nur noch politischer Opportunismus war, so konnten doch einzelne Monarchen für sich in Anspruch nehmen, dass sie ihre Funktion subjektiv ehrlich religiös verstanden.

Wie wackelig diese Fundierung aber war, ist daraus ersichtlich, dass das preußische Offizierskorps in der 48er Revolution selber kurz vor der Meuterei stand, weil es den Rückzugsbefehl des Königs vor der revolutionären Bewegung nicht akzeptieren wollte. In dieser Situation leuchtet zum ersten Mal der Umstand auf, dass sich das Offizierkorps als eine ständische Interessenorganisation versteht. Von hier zu seinem Selbstverständnis als Bürgerkriegstruppe der herrschenden Klasse ist der Weg nicht mehr weit.

7.1 Sozialisationsinstanzen und -mechanismen im ausgehenden Kaiserreich

Was für das 18. und frühe 19. Jahrhundert mit gewissen Mühen rekonstruierbar war, wird mit zunehmender Nähe zur Gegenwart immer deutlicher erkennbar. Eine Fülle von Memoiren, von meist apologetisch gehaltener Erzählliteratur, und - mit dem Aufkommen einer sozialistischen Oppositionspresse - von öffentlicher, politisch motivierter Berichterstattung zu den Folgen militärischer Erziehung bringt Licht in das System. Militärische Erziehung muss sich nun öffentlich rechtfertigen. In diesen Berichten und Diskussionen werden immer mehr Einzelheiten und Zusammenhänge deutlich und dokumentierbar. Neben der Kadettenerziehung wird so auch die Erziehung des einfachen Soldaten, des Wehrpflichtigen, durchschaubar, zeitbedingt allerdings wahrgenommen als Schikane und Kasernenhofdrill, nicht immer erkannt als ein in sich schlüssiges System traditionsorientierter monarchistisch geprägter Erziehung.

Um die Wende vom 19 zum 20. Jahrhundert, ja bis zum Ende von Kadettenerziehung nach Ende des 1. Weltkrieges (9.3.1920), sind alle wesentlichen Praktiken der Erziehung, wie sie vom 18. und frühen 19. Jahrhundert bekannt sind, unverändert geblieben. Einzig das brutale offizielle Strafsystem des 18. Jahrhunderts mit Prügelstrafe, Krummschließen und Fuchteln ist verschwunden, wiewohl in den Voranstalten bis inclusive Tertia auch offiziell geprügelt werden durfte. Ernst von Salomon berichtet in seinem autobiographischen Roman „Die Kadetten“ voll Stolz, dass ein besonders beliebter Offizier noch im I. Weltkrieg jeden Kadetten seiner Kompanie durchgeprügelt habe. Bei dieser Schilderung des Glücks, von diesem Offizier geprügelt worden zu sein, kommen regelrecht masochistische Tendenzen zum Vorschein.

Das offizielle Strafsystem ist hart genug. Es beginnt mit endlosen Rapporten in immer neuen Aufzügen, dem sogenannten Maskenball, geht über Essensentzug, Urlaubsverweigerung, Ferienverkürzung, Arrest bis zum Ausschluss aus dem Korps. Beliebtestes Mittel sind Kollektivstrafen oder das Bestrafen der vorgesetzten Kadetten für Nachlässigkeiten seiner Untergebenen, was regelmäßig eine Kette von zusätzlichen Strafen durch die Gemaßregelten zur Folge hat.

Als Ersatz für die abgeschafften alten, brutalen Strafen ist dieses, von den Kadetten selbst betriebene Strafsystem, dominant geworden. Dessen wichtigster Teil war die so genannte Rutsche, d.h. Gruppenkeile bis zur Krankenhausreife des Delinquenten. Darüber hinaus standen den Älteren viele Möglichkeiten zum Teil sadistischer Quälereien zur Verfügung, die besonders die jüngeren Kadetten betrafen. Außerdem waren die älteren Kadetten unumschränkte Herren über die Freizeit und Arbeitskraft der jüngeren, ließen sich von ihnen bedienen, alle Arbeiten erledigen, insbesondere das Putzen, und schikanierten die Jüngeren mit Appellen, Rapporten und unsinnigen Forderungen an Sauberkeit und Ordnung. So war es nahezu unmöglich, sich zurückzuziehen, auch nur für kurze Zeit allein zu sein oder etwa ein Buch zu lesen, das außerhalb der Akzeptanz der Kameraden lag. Persönliches, Privates konnte nicht stattfinden.

Kamen zu solchen Maßnahmen noch Klassenverruf oder Korpsverruf, war der Einzelne auch sichtbar isoliert. So führte dieses System informeller Herrschaft regelmäßig dazu, dass der Kadett emotional vereinzelt wurde und vor allem in den ersten Jahren seiner Kadettenzeit in eine völlige Vereinsamung geriet. Selbstmord und, in der Pubertätszeit, das Aufnehmen homosexueller Beziehungen sind systemlogische und häufige Folgen.

Obwohl über die homosexuellen Beziehungen in den Kadettenanstalten nur am Rande berichtet wird, hat sich offensichtlich eine regelrechte Beziehungskultur entwickelt. Der „Schuß", der Jüngere in der homosexuellen Beziehung, steht unter dem Schutz des Älteren. Wer dem Schuß etwas antut, bekommt Ärger mit den Älteren. Schuß sein heißt also auch, wenigstens teilweise vor der Kameradenschikane geschützt sein. Schuß sein ist also auch attraktiv. Die Vorgesetzten dürfen davon nichts wissen. Für sie ist es „das Erbübel der Massenerziehung". Homosexuelle Beziehungen sind Alltagserfahrung und offiziell totgeschwiegene Massenerscheinung.

Die Verknüpfung strenger Tabuierung von Sexualität, ja der Verfemung und Verfolgung offenkundig gewordener Homosexualität einerseits und des sadistischen Strafsystems andererseits hat die gleiche mystifizierende und Rationalität vernebelnde Wirkung wie hundert Jahre früher. Fahne, Monarchie, Selbstverständnis als Offizier, Gehorsamsanspruch sind psychisch verankert und nahezu unwiderruflich geprägt. Die psychischen Kosten dieses Vorgangs, das kaum erträgliche Leid der Kinder in diesem Erziehungssystem, sind von den ehemaligen Kadetten fast völlig verdrängt worden, und wo am Rande des Bewusstseins solche Erfahrung noch vorhanden ist, wird der Vorgang der psychischen Abrichtung fast ausnahmslos nachträglich beschönigt und gutgeheißen.

Der institutionelle Rahmen in den Kadettenanstalten ist ebenfalls seit hundert Jahren nahezu unverändert. Die Einteilung in Gruppen findet nach militärischen Ordnungsprinzipien statt. Ältere Kadetten nehmen darin die Funktion der Vorgesetzten ein. Die kleinste Einheit, die Keimzelle des Schikanesystems, ist die Stubengemeinschaft. Hier herrschen die Stubenältesten. Man schläft immer noch kompanieweise in riesigen Schlafsälen unter Aufsicht eines Offiziers, muss diesen immer noch wecken, wenn man nachts zur Toilette muss, was regelmäßig Ärger bringt. Die Runde muss immer noch zweimal nachts die schlafenden Kadetten kontrollieren. Bettnässen, oft ein Zeichen psychischer Vernachlässigung, scheint zumindest bei den jüngsten Kadetten an der Tagesordnung gewesen zu sein. Die Abkapselung des Kadetten von der Außenwelt ist Teil des Systems geblieben. Briefzensur ist selbstverständlich. Post von Frauen wird requiriert. Auch die religiöse Erziehung ist nach altem Schema erhalten. Andachten, Religionsunterricht und sonntägliche Gottesdienste sind zentraler Bestandteil der emotionalen Fixierungen.

Selbst der soziale Kontext ist weitgehend geblieben. Kadetten sind Söhne verarmter Standespersonen (Offiziere, Adelige), die nur so - auch gegen ihre individuellen Interessen - einen standesgemäßen Beruf bekommen können. Die Fixierung auf diesen Standesdünkel ist Teil der informellen und formellen Erziehungsziele und bindet den so erzogenen Kadetten wegen seiner sozialen Abhängigkeit an die Armee und damit an den Monarchen.

Fasst man die offiziellen und inoffiziellen, vor allem auch die praktisch erreichten Erziehungsziele zusammen, kann man diese in sechs Gruppen zusammenfassen:

- Politisches Erziehungsziel ist die Ausrichtung auf einen reaktionären Monarchismus, der in bedingungsloser und emotionaler Ablehnung alles Bürgerlichen, Liberalen, Demokratischen und Sozialistischen gipfelt.
- Dazu notwendig ist eine Tugenderziehung, die absolute, bedingungslose Disziplin und selbstopfernde Tapferkeit verbindet mit einer Sauberkeitserziehung, deren irrationale, extreme Überspitzung nur im Kontext antisexueller Grundhaltung verständlich wird.
- Bevorzugt wird der Knabe aus verarmten Adels- und Offiziersfamilien, die nur auf diese Weise eine standesgemäße Erziehung und Berufstätigkeit ihrer Söhne erreichen können. Die soziale Diffamierung bürgerlicher Erwerbstätigkeit ist Teil dieses Systems ebenso wie die formelle und informelle Erziehung zum Standesdünkel, von welchem mit der sozialdarwinistischen und rassistischen Umorientierung in den Ideologiemustern der Wilhelminischen Gesellschaft der Weg zum Rassendünkel nicht weit war. Der Schritt vom „Herrn" zum „Herrenmenschen" ist psychologisch gesehen wohl sehr viel kleiner, als wenn man das Problem des Wandels im Selbstverständnis von der politischen Ideologie her analysiert.
- Gebraucht wird ein unerschütterlicher Korpsgeist. Sein Fundament ist die Zerstörung der kindlichen und jugendlichen Individualität, die Zerstörung selbst existenzieller Gefühlsbindungen nach außerhalb des Korps und das Verhindern von Freundschaften innerhalb desselben als kontraproduktiv zum System der Kameradschaft.

- In der religiösen Tradition verankert, wird die jugendliche Sexualität verteufelt und verfolgt. Sexualität ist etwas Sündiges, Schmutziges (Bezug zur Sauberkeitserziehung). Die Ausgrenzung des Weiblichen aus dem Erfahrungshorizont dieser Kadetten in der Pubertät und frühen sexuellen Reife zwingt die sexuell Aktiven in die verpönte und verfolgte Homosexualität. Mystizismus und Symbolismus, irrationale Bindungen an das offizielle Normengefüge sind so zwangsläufig.
- Sadismus und Aggressivität werden emotionale Produkte dieser Erziehungsmechanismen. Sie sind die Garantie dafür, dass der so erzogene auch die Tötungshemmung überwindet, wenn der militärische Einsatz befohlen ist. Es wird so eine psychisch verankerte Tötungsbereitschaft erzeugt, die nur durch den Befehl der monarchisch legitimierten Gewalten kontrolliert werden kann.

7.2 Soldatenmisshandlung als Erziehungsinstrument

In dieses Konzept militärischer Erziehung des Offiziernachwuchses passt sich nahtlos das Erziehungssystem der gesamten Armee ein, also auch für den einfachen Soldaten, den Wehrpflichtigen. Es ist allerdings nur von solchen Kritikern des Militärs schon in der Kaiserzeit erkannt und bekämpft worden, die zugleich das bestehende Militärsystem grundsätzlich ablehnten, also von Demokraten und vor allem von der Sozialdemokratie.

Dieser grundsätzlichen Kritik ist sowohl von den amtlichen Stellen als auch von einem Teil der historischen Forschung bis in unsere Tage entgegengehalten worden, dass es sich nicht um ein militärspezifisches Erziehungssystem handle, sondern dass das, was die Kritiker so verstünden, unerwünschte Auswüchse einer funktionalen Ausrichtung auf Kriegstüchtigkeit seien, gegen die es anzukämpfen gelte und galt.

Bedenkt man die Herkunft dieser Erziehungsmuster und zugleich, dass sie ja zu einem guten Teil von solchen Offizieren praktiziert und geduldet wurden, die selbst eine ähnlich brutale Erziehung in den Kadettenanstalten genossen hatten, so scheint die These von den Auswüchsen nicht haltbar.

Als die Körperstrafen im Zuge der preußischen Militärreform abgeschafft wurden, blieb der größte Teil des Offiziers- und Unteroffizierskorps der altpreußischen Armee im Dienst. Daran gewöhnt, mit brachialer Gewalt sich den Gehorsam zu erzwingen, waren sie außerordentlich erfinderisch bei der Suche nach Methoden, die den gleichen Zweck erfüllten, ohne dass man formal gegen die neuen Strafbestimmungen verstoßen musste. Wie in der Kadettenerziehung, überließ man einen Teil der Abrichtung des Soldaten den älteren Jahrgängen, den sogenannten „alten Leuten", die ein den Kadettenhäusern vergleichbares Schikanesystem inklusive extremer Prügeleien entwickelten. Zugleich blieb das unerlaubte Prügeln auch durch Offiziere und Unteroffiziere konstitutiver Bestandteil der militärischen Sozialisation.

Wie brutal das System war, mögen folgende Zahlen belegen:

Jährlich nahmen sich zwischen 220 und 240 Soldaten das Leben, dazu kamen ca. 130 Todesfälle im Dienst. Erfolglose Selbstmordversuche gab es 130 bis 150 pro Jahr. Hinzu kam, dass jährlich etwa 4.500 Soldaten nach Unfällen mit einer Pensionsberechtigung entlassen werden mussten. Diese Zahlen, die für die Zeit 1871 bis 1914 gelten, bedeuten aufsummiert über 10.000 Selbstmorde und 180.000 Entlassungen in den Friedensjahren zwischen deutsch-französischem Krieg und Erstem Weltkrieg. Solche Dimensionen des Problems kann man nicht mehr als Auswüchse bagatellisieren, sie sind vielmehr konstitutiver Bestandteil des militärischen Erziehungssystems. Sie signalisieren hier wie bei der Kadettenerziehung die Absicht, zum unbedingten mechanischen Gehorsam - auch für die Zwecke des Bürgerkrieges - und zu ebenso fragloser Disziplin zu erziehen.

Gegen die These von den Auswüchsen spricht auch, dass Soldatenschinder, ob Offiziere, Unteroffiziere oder die „alten Leute", nur selten strafrechtlich verfolgt wurden. Es waren ca. 500 Verurteilungen pro Jahr, und das Beschwerdesystem selbst stellte wieder eine Bremse dar, sich zu wehren. Denn wer Vorwürfe erhob, die er nicht beweisen konnte, wurde selbst wieder bestraft und war natürlich dann auch den vermehrten Schikanen aus Rache ausgeliefert. Außerdem hatten die Offiziere rechtliche Möglichkeiten, ihre Untergebenen von Beschwerden abzuhalten. Die große Zahl dokumentierter Einzelfälle lässt eindeutig die Absicht erkennen, mit Hilfe solcher sadistischen Erziehungsmethoden die Persönlichkeit des Soldaten zu brechen und ihn zu mechanischer Disziplin und unbedingtem Gehorsam zu erziehen.

Das Problem bestand allerdings darin, dass man diese Erziehungsmethoden bei schon weitgehend gefestigten Erwachsenen anwandte und dabei auch auf passiven und aktiven Widerstand stieß. So konnte man sozialdemokratische Soldaten auf diese Art kaum erreichen, weil sie auf Grund der Aufklärungsarbeit der Partei wussten, wie sie sich wehren konnten. Eigentliche Opfer waren so vor allem die Männer vom Lande, die keine politische Erfahrung hatten, und schlichte, gutmütige Burschen, die sich nicht wehren konnten. Viele dieser jungen Soldaten sind dann durch diese Erfahrungen und durch die Hilfe, die sie von sozialdemokratischen Kameraden erfuhren, überhaupt erst mit der Sozialdemokratie bekannt und oft auch für sie gewonnen worden. So war das Erziehungssystem für die erwachsene Mannschaft tatsächlich teilweise sogar kontraproduktiv unter dem Gesichtspunkt der Bürgerkriegsfunktionen des alten Heeres.

7.3 Bindungslose Gewalterziehung zum Bürger- und Weltbürgerkrieg

In den vier Jahrzehnten von 1860-1900 findet ein umfassender und tiefgreifender Wandel in Politik, Wirtschaft und Gesellschaft Deutschlands statt. Damit verändert sich auch der Stellenwert militärischer Erziehung im sozialkulturellen Gefüge. Es ändert sich aber nicht, wie aufgezeigt wurde, die militärische Erziehungspraxis.

Was hat sich in Deutschland in dieser Zeit getan? Diese Frage darf sich nicht nur auf das Faktische, sozusagen auf die ökonomisch-soziale Hardware beziehen. Viel wichtiger ist in diesem Zusammenhang die Entwicklung der Vorstellungswelt der Führungsschichten. Der Begriff Vorstellungswelt darf wiederum nicht verkürzt interpretiert werden als Ideologie, sozusagen als Bildwelt eines Realitätsverständnisses, die relativ beliebig und auswechselbar ist. Diese Vorstellungswelten sind emotional verankert, an die Psyche ihrer Vertreter gekettet. Sie sind nicht nur Glaubensbekenntnis, sie sind Lebenswelten, Wahrnehmungsmuster, außerhalb derer die Welt nicht verstanden werden kann, ja außerhalb dieser für ihre Vertreter Realität gar nicht existiert.

Wir haben uns daran gewöhnt, das im ausgehenden 19. Jahrhundert dominierende Konglomerat von Sozialdarwinismus, Rassismus, Antisemitismus, völkischer Deutschtümelei und Gewaltverherrlichung als irrational abzutun und auf die aufgeklärte Vernunft zu setzen. Tatsächlich sind diese Welten aber Teil von brutaler Realität. Sie haben darüber hinaus Realitäten konstituiert. Die „deutsche" Welt wurde ja ab 1933 nach diesem Muster umgebaut. Wir müssen uns deshalb diesen Vorstellungen stellen, sie ernst nehmen und ihre irrationalen Energien rational erklären. Dazu ist der zeitgenössische Erziehungsstil eben ein wichtiger, wenn nicht der wichtigste Schlüssel, und militärische Erziehung ist der Dreh- und Angelpunkt für eine rationale Erklärung.

Zunächst müssen aber die politisch-gesellschaftlichen Rahmenbedingungen skizziert werden, auf die die damalige Führungsschicht reagiert hat. Die Masse der Bevölkerung wurde alphabetisiert, die Wirtschaft industrialisiert. Die Gesellschaft verstädterte und differenzierte sich nach den neuen ökonomischen Bedingungen, die Industriearbeiterschaft entstand und wurde politisiert, das Bürgertum verriet seine liberale und demokratische Tradition und arrangierte sich mit dem preußisch-deutschen „Nationalstaat". Nation und Nationalstaat waren keine demokratisch-revolutionären Vorstellungen mehr. Nation war seither mit neuen Werten fest an die traditionalistischen Führungseliten geknüpft.

Ab Mitte der 70er Jahre des 19. Jahrhunderts begann die alte, konservative Führungselite zu begreifen, dass Bismarck keinen Nationalstaat gegründet, sondern der deutschen Nation das preußische Herrschaftssystem übergestülpt hatte. Die bisher streng antinationalen Kräfte der Partikularstaaten, insbesondere Preußens, setzten nun dieses Herrschaftssystem mit dem Begriff der Nation gleich und der demokratische Nationenbegriff wurde als vaterlandslos diffamiert.

Um 1900 ist die Sozialdemokratie vom Wählerpotential her gesehen die stärkste politische Kraft im Reich. Zusammen mit der linksliberalen, demokratisch bürgerlichen Fortschrittspartei gehören Sozialdemokraten schon lange zu den „Mächten des Umsturzes". Soziale Gerechtigkeit und politische Freiheit werden von der alten Führungsschicht als Todfeinde des bestehenden Herrschaftssystems verstanden, zugleich wird eingestanden, dass das moralische Recht bei diesen Gegnern des Systems ist. Für den Vertreter der Herrenschicht ist die Großstadt mit ihren wimmelnden Menschenmassen eine emotionale Belastung, weil er die überschaubaren und persönlich beherrschbaren Verhältnisse im Gutsbezirk oder der ländlichen Kleinstadt gewohnt ist. Pressewesen, politische Agitation, Börse, Spekulation, großkapitalistische Wirtschaftsweise sind beunruhigende bis beängstigende Erfahrungen.

In dieser Situation bekommt der Staat die ausdrückliche Aufgabe, den Schutz der ökonomischen und sozialen Interessen der alten Elite zu wahren. Folgende Begründung für den Militäretat für die Generalkommandos in Frankfurt/Main und Altona lautet: „Dem als Kommandant von Altona und gleichzeitig als Kommandant der in Hamburg garnisonierenden Truppen fungierenden Offizier fällt es zu, bei Störungen der öffentlichen Ordnung die obere Leitung der Truppen zu bilden. Die Verhältnisse von Frankfurt/Main gleichen insofern denjenigen von Hamburg-Altona als auch dort eine Bevölkerung zahlreichen agitatorischen Einflüssen ausgesetzt ist, andererseits vieles und großes Eigentum zu schützen ist.“ Einsatzmaßstab ist die Vorschrift für den Kampf in insurgierten Städten. Seit der Reichsgründung wird das Industriebürgertum in diesen Interessenverbund aufgenommen, und seit den 80er Jahren versucht man erfolgreich, den ländlichen und kleinbürgerlichen städtischen Mittelschichten einzureden, dass dieses Interessenbündnis auch ihre Interessen vertritt. Staatsinteresse ist so zum Gruppeninteresse herabgesunken. Staat ist Klassenstaat geworden.

Zweck des Militärs ist es nun, diesen Klassenstaat und die Klasseninteressen von Adel und Industriebürgertum gegen die Massen nach innen zu sichern. Graf Waldersee, der Nachfolger Moltkes im Amt, hat das klassisch formuliert: „Alles was der jetzige oder nächste Reichstag etwa gegen die Social-Democratie beschließen sollte, wird in der Entwicklung dieses Übels wenig ändern, es kommt unbedingt zum Kampf der Besitzlosen gegen die Besitzenden und kann da nur eine Berufsarmee den totalen Zusammenbruch aller bestehenden gesellschaftlichen Zustände verhindern, oder kurz ausgedrückt: Wir brauchen bald eine Armee, klein und gut bezahlt, die ohne Bedenken, sobald es verlangt wird, die Kanaille zusammenschießt.“

Der ältere Moltke steht ihm an Deutlichkeit nicht nach. Er will sogar den Absolutismus wieder einführen. Um die Jahrhundertwende ist die

Bürgerkriegsvorschrift „Kampf in insurgierten Städten“ innenpolitisches Hauptbetätigungsfeld des preußischen Kriegsministeriums. Legitimation von Militär und damit Legitimation von militärischer Erziehung hat nichts mehr mit ethischen Bindungen zu tun. Selbst die quasi moralische Verpflichtung auf die Nation ist keine ethische Bindung, weil sie im doppelten Sinne aufgehoben ist: Einmal ist die Nation, der Nationalstaat, begrifflich und inhaltlich ja in den späten 70er Jahren umdefiniert worden. Sie ist ihrer demokratisch-revolutionären Tradition beraubt Symbol des Bismarckstaates geworden und damit letztlich der ideologische Mantel für die Klasseninteressen, die schon beschrieben wurden. Zum anderen aber ist auch eine emotionale Neubesetzung des Nationbegriffs erfolgt, die in den folgenden Jahrzehnten noch die größten Wirkungen haben sollte.

In den 90er Jahren spätestens erkennbar vollzieht sich unter dem Einfluss neuer Ideologien eine Umbildung von Bedeutungen bei den Begriffen Volk, Masse, Nation, die vielfältige Bezüge zum Erziehungssystem, speziell zum militärischen Erziehungssystem hat. Deren Ergebnis ist, dass Nation nun nicht mehr die ganze Bevölkerung des deutschen Reiches, sondern nur seine zur Führung berufenen Männer sind. Diese Männer sind aber soldatische Männer der Oberschicht, sind Offiziere, stellen sozusagen den ordensmäßigen Kern des Staates dar, sie alle zusammen verkörpern letztendlich den Staat, ja den Staatszweck. Hier überhöht sich der für das Militär und den monarchisch-autoritären Staat abgerichtete Mann selbst, um sich gegen das bedrohliche Gegenbild, die Masse, emotional zu schützen.

Masse ist der Gegenbegriff zu der so verstandenen Nation, sie ist auch die Gegenwelt, die als tödliche Gefahr empfunden wird. Masse wimmelt, ist unkoordiniert, unüberschaubar, unlenkbar, ist frei, tut was sie will, unterwirft sich nicht der Nation. Hier muss wieder daran erinnert werden, dass diese Freiheitsvorstellung zugleich auch immer sexuell besetzt ist, als Folge der eigenen Erziehung also mit Angst vor sexueller Freiheit. Masse ist die Inkarnation des Weiblichen. Man lese nach, wie sich Hitler seitenweise in „Mein Kampf“ darüber auslässt, dass Masse wie ein Weib - so wie er sich „Weiber“ vorstellt - behandelt werden müsse. Hitler ist da nur ein später Exponent dieser Auffassung, die lange vor dem Ersten Weltkrieg in den bezeichneten Schichten grassierte. Zahlen und Abstimmungen bedeuten nur die Herrschaft der

Masse, des Weiblichen. Sie sind dem „deutschen Wesen fremd“ und Demokratie als Herrschaft der Masse ist der deutschen Nation fremd. Sozialismus ist die Radikalisierung von Demokratie, gehört zu freier Liebe, zum Bordell, wie bei den Befehlen der Gasthausverbote von Soldaten nachzulesen ist. Proletarier und Hure werden so zu Gegenbegriffen für den militärisch erzogenen Mann.

Hier ist auch der emotionale Angelpunkt, der die nach innen gegen die Freiheit gerichteten Aggressionen auch nach außen lenkbar macht. Frankreich, das Land der Revolutionen; England, das Land des Parlamentarismus; Amerika, der Vorreiter zu beiden: Sie werden so auch zu emotional besetzten, an die eigenen, durch Verdrängung provozierten Ängste geketteten Feinden. Der Erste Weltkrieg hat für solche Äußerungen eine Hochkonjunktur hervorgebracht. Diese Verknüpfung von innerem und äußerem Feind ist nicht beliebig oder nur interpretatorisch hergestellt. Wilhelm II. hat diese Verbindung selbst gesehen, als er forderte, erst die deutschen Sozialisten zusammenzuschießen und dann einen Krieg zu führen. Welchen rationalen Zusammenhang gibt es denn zwischen Bürgerkrieg und Krieg, wenn nicht die Vorstellung vom Weltbürgerkrieg?

Der Vollständigkeit halber sei hinzugefügt, dass der Begriff, der zwischen den beiden Extremen Nation und Masse lokalisiert wird, das Volk ist. Volk ist der Teil der Masse, der gehorcht, der strukturierbar ist, der den Führern folgt. Herstellen von Volk oder Volksgemeinschaft heißt also Masse, Unregierbares, Freies, Unstrukturiertes eliminieren. Masse wird zu Volk, wenn sie Führung der zur Führung Berufenen akzeptiert. Führung und Führer werden zu neuen Schlüsselbegriffen. Der alte Staat brauchte Beamte, Offiziere, Zunftvorsteher, er definierte den Akt der Führung durch ein Amt, Amtspflichten und Amtswalter. Im Staat ohne ethische Bindung und ohne Gemeinwohlorientierung bedürfen die verschiedenen Interessengruppen der Führung durch den Führer. Sie sind selbsternannt. Wo sie gewählt sind, wie bei der Arbeiterbewegung, wird ihnen der neue Begriff widerwillig oder mit heimlicher Bewunderung übergestülpt.

Führer sind zur Führung berufene oder geborene Führer. Beides hängt enger zusammen, als zunächst zu vermuten ist. Über den Heiratsdispens reguliert das Offizierskorps nicht nur die Standesgemäßheit der Heiraten des Nachwuchses, es wird auch auf „Würdigkeit“ der Frau geachtet. Versucht man, das Idealbild dieses Frauentypus aus der zeitgenössischen militärisch-apologetischen Trivialliteratur herauszufiltern, so besteht diese Offiziersfrau aus einer Mischung von aseptischer Krankenschwester, mit Inzesttabus besetzter Schwester, Mutter (nicht nur der eigenen Kinder, sondern unausgesprochen phantasiert auch als die Mutter ihres Mannes), zu Vermehrungszwecken gehaltene Gattin. Sie ist Gegenbild einer erotischen und geliebten Frau und damit das weibliche Pendant zum militärisch erzogenen Mann: eine auf ihre gesellschaftlichen Funktionen abgerichtete Frau.

Mit solchen Frauen kann ein militärisch erzogener Mann nur Söhne und Töchter erziehen, die dann in gleicher Weise psychisch abgerichtet sind wie die Eltern auch. Aus solchen Familien rekrutiert sich der Offiziersnachwuchs, der Führernachwuchs. In solchen Familien sind die Abrichtungsmechanismen der militärischen Erziehung Selbstverständlichkeit. Rohe körperliche Gewalt und Liebesentzug schaukeln sich gegenseitig bei der Kindererziehung auf. Man lese nur die Jugenderinnerungen von Militärs und anderen Vertretern der alten Eliten der Kaiserzeit, und ein Pandämonium häuslicher Grausamkeiten tut sich auf, nachträglich durch seine Opfer akzeptiert und als vorbildlich stilisiert.

Seit Mitte der 90er Jahre setzt sich nun auch bei den Verantwortlichen für das militärische Erziehungswesen die Einsicht durch, dass der traditionelle preußische Monarchismus nicht mehr für die Motivation der Kadetten hinreicht. Man ersetzt nach und nach die alten Lehrer durch junge, „moderne" Akademiker aus dem konservativen Bürgertum, in dem sich die neuen politischen Denkweisen mehr oder weniger schon durchgesetzt haben. „Modern" für die Konservativen war aber der wissenschaftlich verbrämte Sozialdarwinismus und seine Konsequenz, der Rassismus, der nun auch auf die schon vorhandene Ablehnung des Judentums traf und sich nahtlos mit dem neuen Nationalismus verschmolz. Dieses ideologische Konglomerat, das in diesen Kreisen als modern und wissenschaftlich gesichert galt, wurde nun nach und nach zum Habitus der jungen Offiziergeneration.

Militarisierung der Gesellschaft hieß im Kaiserreich vor allem Militarisierung der Erziehung und damit die Schaffung der psychischen Dispositionen zu Aggression und autoritärer Haltung und Gesinnung. Alle obrigkeitsstaatliche Fixierung verschleiert nur eins: dass durch die Zerstörung der ethischen Bindungen von Gewalt und Gehorsam, von

Dienst und Tötungsbereitschaft eine zunächst noch nicht sichtbare, in Krieg und Revolution aber hervorbrechende Enthemmung und Orientierungslosigkeit des noch im 18. Jahrhundert extrem eingehegten Aggressionspotentials stattgefunden hat, eines Aggressionspotentials, das durch die militärische und die ihr entsprechende autoritäre zivile Erziehung überhaupt erst geschaffen wurde. Ging es früher um die Einhegung und Monopolisierung von Aggressionspotential und Gewalt bei der staatlichen Zentralgewalt, so lässt der zerbrechende Klassenstaat das seiner ethischen gemeinwohlorientierten Bindungen verlustig gegangene, selbstgeschaffene Gewaltpotential völlig frei.

Freikorpstruppen und Freikorps"geist" sind Ausdruck dieses Sachverhaltes. In Scharen waren jugendliche und ehemalige Kadetten 1920 in die Freikorps eingetreten. Deren Führer waren oft auch ehemalige Kadetten. So etwa Roßbach, Maercker, von Brandis. Was man über Freikorps sagen kann, charakterisiert also in weiten Teilen die Ergebnisse militärischer Kadettenerziehung der letzten zwei Jahrzehnte vor der Revolution. Die auf den Bürgerkrieg abgerichteten Offiziere, die im Weltbürgerkrieg gegen die Demokratien eine empfindliche Schlappe hatten einstecken müssen, machen nun Bürgerkrieg auf eigene Faust: Gegen Demokratie, Sozialismus, Freiheit, Proletarier, Juden *und Frauen.* Freikorpssoldaten werden in Deutschland und in Russland (Baltikum) die ersten seit langen Jahrzehnten, die nicht nur unbeteiligte Zivilpersonen wahllos abschlachten. Für sie wird auch die proletarische Frau, die Geliebte des Proletariers, die als Krankenschwester die revolutionären Kontingente begleitet, zum tötungswürdigen Objekt. Töten wird zur letzten Gewissheit, bei emotionaler Einengung und Verkümmerung noch selber am Leben zu sein. Übriggeblieben ist der zum Töten im Inneren und im Krieg abgerichtete Soldat oder Offizier, der die Zwecke seines Tötens selber setzt, genauer: aus seinen verdrängten und angstbesetzten Trieben unbewusst ableitet. Er kämpft im doppelten Sinne gegen den »inneren Feind«: gegen Demokratie, Sozialismus, Bolschewismus und Judentum als politische Feinde und gegen die verdrängten Bedürfnisse, besonders gegen seine sexuellen Triebregungen als diejenigen Kräfte in seinem psychischen Haushalt, die seine soldatische Haltung am meisten und am bedrohlichsten gefährden.

7.4 Massenmörder im NS-System als Produkt der Gewalterziehung

Über die Entwicklung zum NS-System kann ich mich kurzfassen. Einmal sind alle wesentlichen Elemente, die im System von Rassen-, Völker- und Gefangenenmord (natürlich auch beim politischen Terror und in den KZs) dort eine Rolle gespielt haben, bisher wenigstens in den Grundzügen beschrieben. Was noch bleibt, ist die Konsequenzen dieser Entwicklung zu verdeutlichen. Die Studie von Klaus Theweleit „Zur Psychoanalyse des Weißen Terrors" belegt genau diesen Übergang vom Kaiserheer zum faschistischen, politischen Mordsoldaten bis ins Detail. Er entwickelt diesen Zusammenhang aus der zeitgenössischen und faschistischen Literatur über die Freikorps und die Freikorpssoldaten. Der dort geschilderte Freikorpsoffizier ist der Prototyp des nationalsozialistischen Gewalttäters. Er ist es zum einen in personeller Identität: SA, SS, Polizeiformationen und Wehrmacht haben die ehemaligen Freikorpssoldaten, soweit diese es wollten und diensttauglich waren, wiederverwendet. Er ist es aber zum anderen auch wegen der identischen psychischen Grundstruktur, die sich im Verhalten und in ideologischen Fixierungen zeigt. Er bringt mit seiner Morderfahrung aus dem Bürgerkrieg der 20er Jahre ein wesentliches Stück enthemmter Aggressivität in die bewaffneten Verbände des neuen Staates ein, und seine Fähigkeit, ohne Skrupel bestimmte Bevölkerungsschichten und -gruppen abzuschlachten, wird von den Beteiligten selbst als Freikorpserfahrung verstanden.

Ob im Sonderkommando, als KZ-Kommandant, als Anführer von Exekutionskommandos oder als Kommandant von Gefangenenlagern, dieser Typ vernichtet selber oder hilft bei der Vernichtung von Unbeteiligten nur deshalb, weil sie Vertreter von solchen sozialen Gruppen sind, die über ihre psychische Struktur als Todfeinde definiert sind. Da sind die Homosexuellen und die Juden als direkt mit sexuellen Ängsten besetzte Personengruppen, die Demokraten, Sozialisten und Bolschewisten als indirekt damit verknüpfte. Der Begriff vom jüdisch-bolschewistischen Untermenschen zeigt die Verbindung zwischen direkter und indirekter Verknüpfung auf, und die Metapher vom Untermenschen in dieser Verbindung zeigt außerdem, dass die gleiche Triebstruktur auch auf „Zigeuner", „Tataren" und „Slaven" anspricht. Auch die Kadettenanstalt ersteht in kaum geänderter Form wieder als Napola; wie sehr dort die gleichen sexualfeindlichen Erziehungspraktiken wie hundert oder zweihundert Jahre früher in den Kadettenanstalten geläufig waren, kann man nachlesen oder konnte man von noch lebenden Personen persönlich abfragen.

Wie sehr diese politischen Ideologien und die Abrichtungspraxis für das Gewaltsystem, letztlich für das große Mord- und Schlachthaus Europa unter deutscher Führung, sexuell besetzt waren, ist an der merkwürdigen Haltung Hitlers zu Frauen seiner persönlichen Umgebung genauso ablesbar wie an der offenen oder latenten Homosexualität in der SA, SS, Wehrmacht usw. Wie sehr der aktive Kern dieser Gruppierung, hervorgegangen aus Offiziersfamilien, Jugendbewegung, völkischer und bündischer Bewegung, Freikorps und anderen deklassierten Teilen der alten Führungsschicht und ihrer Gefolgschaft, ihr Selbstverständnis als Offizier, Politiker oder ideologischer Führer, ihr Verständnis von Staat, Armee und Männerbund von solchen homoerotischen Triebbindungen bewusst oder unbewusst leiten ließ, lässt sich in den Schriften eines ihrer Wortführer, Hans Blüher, nachlesen, der auch nach 1945 noch zu seinen Ansichten stand und Hitler den Vorwurf machte, dass er um der Sicherung der Herrschaft willen die Idee des homosexuell fundierten Männerbundes als Fundierung des Staates verraten habe.

Auch wenn diese Entwicklungslinie folgerichtig erscheint, bleiben doch Fragen und Probleme. Die Folgerichtigkeit darf nicht darüber wegtäuschen, dass der militärische Erziehungsprozess nicht zwangsläufig im Massenmord enden musste. Allgemeinpolitische und sozial- und wirtschaftshistorische Faktoren der Industrialisierung und der Weltkriegsfolgen haben sicherlich einen Teil zu diesem Ergebnis beigetragen. Nur - und so viel scheint deutlich - das Potential zu einer solchen Entwicklung ist im Erziehungsprozess dieser sich als politische Soldaten verstehenden Männer geschaffen worden.

Spätestens seit der französischen Revolution ist Geschichte der militärischen Erziehung in Deutschland aus opportunistischen politischen Gründen eine Einrichtung gegen die Freiheitsbestrebungen des Volkes, gegen die Modernisierung von Staat und Gesellschaft, ist sie ein zunehmend der ethischen Bindungen beraubtes Abrichtungssystem für die Zwecke des reaktionären Staates, dann der ökonomischen und sozialen Interessen der traditionellen und industriebürgerlichen Eliten. Mit dem

Zusammenbruch des Kaiserreiches geht die letzte Bindung dieses Gewaltpotentials, das als Staatsraison firmierende ökonomische Interesse der gesellschaftlichen Elite, verloren, und es verselbständigt sich als Bürgerkriegssoldateska.

Was im Kaiserreich noch dem ungeübten Beobachter als individuelle, mehr oder weniger verschrobene oder radikale Ansicht im monarchistischen ideologischen Überbau erscheinen mag, wird in der Revolution von 1918/19 sichtbar nach ideologischen Bekenntnisgruppen neu sortiert und formiert. Freikorps und völkisch-nationalistische Bünde zeigen ohne die monarchistische Maske nun die Ergebnisse militärischer Erziehung der letzten zwanzig Jahre vor der Revolution.

Die Einbindung eben dieser Kräfte in den NS-Staat geschieht freiwillig und im Wissen um und Hoffen auf die neue Politik. Die These von der Verführung der so geprägten, zum kalten Töten abgerichteten Männer durch Hitler stellt die Realität auf den Kopf. Er hat sie nicht zu ihren Taten verführt oder verführen müssen, er musste sie nur verführen, sich seiner Führung und nicht der eines anderen unterzuordnen. Der mörderische Zweck, die Gewalttätigkeit der Politik, die Herrschaftsbesessenheit über die Volksgemeinschaft als „Unter"führer, das Verständnis des eigenen Tuns als Kulturschaffen und was dergleichen an - uns heute als Ungereimtheiten erscheinenden - Vorstellungen, Hoffnungen, Selbstbildern in diesen Menschen verankert war, das konnte Hitler nicht schaffen, dazu konnte er nicht verführen, das brauchte er nur zu mobilisieren und auszubeuten.

Ein anderer Gesichtspunkt ist, dass ein großer Teil der so geprägten Männer es zu etwas gebracht hat, Leistungen gezeigt hat, die Achtung abnötigen, also nicht in das wilde Töten verwickelt waren. Damit verknüpft ist die Frage, wie Menschen überhaupt lebensfähig werden können, wenn die geschilderte brutale Erziehungswelt der einzige Erlebnishorizont gewesen wäre. Ganz ohne Liebe oder Liebesersatz wären wohl auch die Mörder lebensuntüchtig gewesen. Abgesehen davon wurden die Kadetten erst mit zehn oder elf Jahren in die militärische Erziehungsmühle gesteckt. Mit etwas Glück brachten sie eine befriedigende Kindheit und damit wohl auch wesentliche Voraussetzungen für eine stabile Persönlichkeitsentwicklung in den Erziehungsprozess ein. Auch die anstaltsinternen psychischen Krücken von Homoerotik und Kameradschaft dürfen nicht vergessen werden. Was aber wesentlich bleibt, ist die auf die Entwicklung von Sadismus und Aggression gerichtete Sozialisation in den sieben bis neun Jahren der Jugenderziehung.

8 Fazit

Die in dieser Studie aufgezeichnete Entwicklung lädt zu weitergehenden Überlegungen ein. Die Gewalterfahrung in Deutschland zeigt, wie sehr militärische Gewalt der Einhegung und Domestizierung bedarf. Ihre Entgrenzung hier wie im Verlauf der letzten tausend Jahre europäischer Geschichte hatte regelmäßig chaotische politische Verhältnisse und gesellschaftliche Turbulenzen zur Folge gehabt. Unsere aktuellen Erfahrungen mit den neuen Kriegen bestätigen diese Entwicklung als unausweichlich.

Europäische Geschichte hat aber auch in der Zeit, als Gesellschaft, Herrschaft und Alltagsleben vom christlichen Mythos geprägt waren, ein Gegenmittel hervorgebracht. Die Bestrebungen von Menschen, die diesen Mythos lebten, von ihm emotional und intellektuell geprägt waren und sein friedensstiftendes Potential in langen, jahrzehntelangen Prozessen zu mobilisieren und zu institutionalisieren suchten, haben viel erreicht. Sie haben zwar nicht den ewigen Frieden gründen können, und selbst dann, wenn ihr Erfolg am größten war, ließen sich weder Gewalt noch Krieg verhindern. Aber schon im Mittelalter wird deutlich, dass Eingrenzung von Gewalt selbst im Krieg möglich ist, aber auch, dass es dazu einer gesellschaftlich verankerten Übereinkunft bedarf. Es wird auch sichtbar, dass eine solche Übereinkunft sehr leicht aufgekündigt werden kann, wenn ökonomische, gesellschaftliche und politische Prozesse das Gleichgewicht in der etablierten Ordnung destabilisieren und neue Kräfte in die alte Ordnung nicht mehr eingebunden werden können.

Doch selbst in dem dadurch entstandenen Chaos bleibt die Domestizierung von Gewalt eine unumstößliche Notwendigkeit. Die Bemühungen dazu bleiben, aber sie verlagern sich. Galten sie bisher dem Gemeinwesen als Ganzem, dem gesamten Gewaltpotential dieser Zeit, gilt es nun, die Partikulargewalten einzeln unter Kontrolle zu bringen. Jeder Gebieter über ein Gewaltpotential ist darauf angewiesen, dass seine eigenen Truppen sich nicht verselbständigen. Die je eigenen Herren über die Streitmacht müssen nun Disziplin, Gehorsam, Gefolgschaftstreue und befehlsgesteuerte Einsatzbereitschaft selber durchsetzen. Das war jahrhundertelang sehr schwer durchzusetzen und, soweit es gelang, auch wieder nur mit Hilfe christlicher Religiosität und ihrer Bindekraft möglich.

Dass die extremen, sich radikalisierenden Gewaltexzesse des 16. und beginnenden 17. Jahrhunderts unterbunden werden konnten, ist nur mit Gewaltmaßnahmen möglich gewesen. Eine wesentliche Ursache war der allgemeine Konsens über die Notwendigkeit und die erneuerte, auf die neuen Verhältnisse angepasste Mobilisierung des christlichen Mythos.

Zunächst gelang es, die bestehenden Truppen bestimmter Herrscher einer solchen Mythos gesteuerten Disziplin und Ordnung zu unterwerfen. Nach und nach gelingt es durch die Errichtung und den Ausbau stehender Heere, immer größere Teile des Gewaltpotentials in die neue militärische Ordnung zu integrieren und zu disziplinieren. Sie ist bis ins Detail christlich, und sie ist eine hochdifferenzierte kulturelle Instanz, die bis ins Einzelne durchdacht ist. Das Wichtigste in unserem Zusammenhang ist aber, dass dieses Militär sowohl im Krieg wie im Frieden kontrollierbar bleibt.

Solchen domestizierten Gewaltorganisationen, dem Ritterwesen und seiner Schlacht ebenso wie dem stehenden Heer ist eine gewisse Starrheit in seinen Aktionsmöglichkeiten gegeben. Das ist im Mittelalter wie zur Zeit der französischen Revolution auch der Grund, warum das Neue obsiegt. Dabei ist das Neue nicht an neue Waffen gebunden. Die Technik revolutioniert den jeweilig neuen Krieg nicht. Es ist der Zusammenbruch der kulturellen Übereinkunft, die Bereitschaft zum Tabubruch, die zum Erfolg führen. Weder haben die Bauern und Bürger des Mittelalters neue Waffen erfunden noch hat Napoleon andere oder bessere Waffen zur Verfügung gehabt als die preußische Armee Friedrichs des Großen. Er setzte nur auf eine rücksichtslose Mobilisierung und den ungebremsten Einsatz seines Potentials.

Der Tabubruch führt in beiden Epochen zu einer Neubewertung der jeweils herrschenden Moral. Statt Einhegung in Gottes Namen wird Gewalt entgrenzt im Namen der Freiheit, der Gleichheit oder der Nation. Statt der heiligen, gottgewollten Ordnung werden die je neuen Zwecke auch zum moralischen Maßstab. Das ist zum Beispiel Stadtbürgerfreiheit, Freiheit der christlichen Konfession, Staatsbürgerfreiheit oder nationale Selbstbestimmung. Jeder neue Maßstab nimmt das

Recht auf Alleinvertretung in Anspruch mit der Folge der Weltunordnung bis in die Gegenwart.

Eine andere Beobachtung aus der Gewaltgeschichte Europas ist, dass in Zeiten der Gewalteinhegung für die jeweilige Zeit gewaltige Waffenarsenale angehäuft werden und die Anzahl des Militärpersonals größer wird als jemals vorher. Diese Aufrüstung, die zum Beispiel im ausgehenden 17. Jahrhundert begann und bis zum Ende des 18. Jahrhunderts dauerte, ist eben nicht eine Gefahr für den Frieden gewesen. So teure und kostbare „Armeen" schickt man möglichst nicht in die Schlacht. Auch in der unübersichtlichen und gewalttätigen Zeit dieses 21. Jahrhunderts hat kaum jemand die ernsthafte Sorge, dass diese hochgerüsteten Streitkräfte unserer Zeit in einem großen Krieg eingesetzt würden. Aber die Drohung ist unübersehbar: Das könnte im Laufe des derzeitigen russisch-ukrainischen Krieges doch noch zur Realität werden.

Illustrationen

Die Illustrationen zum Ritual sind entnommen der:

Regulation und Ordnung des gesamten Kaiserlich-Königlichen Fuß-Volcks von 1749. Tafelband

Dieser Band enthält mehrere hundert Illustrationen zur verschriftlichten Dienstvorschrift. Dort sind die Regeln auch verbal erläutert

Zum Gebett.

Nº 8.
pag. 80.
1
2
3
Knyet nieder zum Gebett.
Nº 9.
pag. 80.
Der Tambour so die Zett-Stund schlaget.
1
2
3
Auf vom Gebett.

N.º 10
pag: 30
1
2
3
Zu dem Gebett.
N.º 10
1
2
3
Zu dem Gebett.

No. 11
pag:30
1
2
3
Auf von dem Gebett.
No. 11
1
2
3
Auf von dem Gebett.

N°. 9.
pag. 49.
1
2
3
Auf vom Gebett.

N.o 10.
3
zum Schwören.
N.o 11.
pag. 81.
1
2
3
Huth ab.
N.o 12.
pag. 82.
1
2.
3
Huth auf.

pag. 42
1
2
3
Vor den lincken Fuſ Zum ſchwören.
No. 26
1
2
3
Vor den lincken Fuſ Zum ſchwören.

N° 27
pag. 42
1
2
3
Huth ab.

N° 27
1
2
3
Huth ab.

Salutirung vor Ihro Kay. König. Mayt. mit der Fahnen auf der Distanz und March wird sich mit denen schritten nach der Explicati on gerichtet.

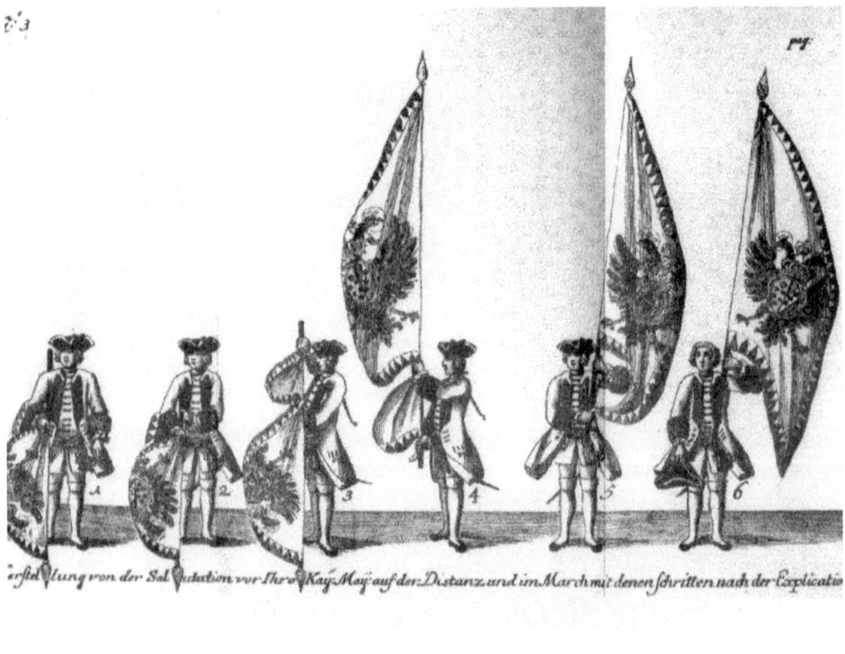
Vorstellung von der Salutation vor Ihro Kay. May. auf der Distanz und im March mit denen schritten nach der Explicatio

10 Nachwort

Gewalteinhegung, Gewaltentgrenzung und die jeweiligen Entwicklungen in der europäischen Militärgeschichte waren die Folie, vor der die innere mythengesteuerte Ordnung im Militär analysiert wurde. Die erfolgreiche Domestizierung der Gewaltpotentiale der letzten sieben Jahrzehnte, in denen mit modernsten Waffensystemen hochgerüstete Gegner offenbar nicht bereit gewesen sind, diese riesige Maschinerie in Gang zu setzen, ist vorbei. Der ganz große Krieg mit allen Zerstöungskräften ist mehr als eine potentiell vage Drohung geworden. Die Frage ist, ob der jetzige Krieg, in dem viele Tabus missachtet werden, der Einstieg in das ganz große Chaos ist oder ob er sich wieder einfangen lässt. Viel hängt davon ab, ob auch der letzte Tabubruch stattfindet: der Einsatz von Massenvernichtungswaffen.

Das Militär betreffend ist die Versuchung groß, Analogien zum historischen Prozess zu suchen. Die extrem gerüstete russische Armee zeigt sich als wenig flexibel auch in ihrer starren Kommandostruktur und in ihrem Gehorsam gebundenen Soldaten. Schon in Afghanistan hat dieses Militär im Partisanenkrieg den Kürzeren gezogen. Alle Reformen und Reformbemühungen in den russischen Streitkräften scheinen an dieser Tradition nicht viel geändert zu haben. Soldatenschinderei und brutale Ausbildungsmechanismen wecken zudem Erinnerungen an ähnliche Verhältnisse im 17. und 18. Jahrhundert - dieses Militärsystem des alten Europas ist unter dem Ansturm der französischen Revolutionstruppen und der neuen Strategie Napoleons zerbrochen. Damals wie heute haben flexible, von ihrer Mission überzeugte Soldaten und ihre Kommandeure mit persönlicher, politischer und moralischer Überzeugung ihre Erfolge errungen. Das ukrainische Militär könnte in zeittypischer Form eine ähnliche Motivation haben wie die Revolutionstruppen vor 230 Jahren.

Bei der Suche nach Analogien bleibt die Rolle der Religion zu bedenken. Nimmt man die Aussagen des russischen Propagandaapparates, dazu das Verhalten der russisch-orthodoxen Kirche und ihrer Exponenten ernst, scheint die russische politische und militärische Führung ähnlich stark von einem orthodoxen Geist geprägt zu sein wie einst das historische Militär vom christlichen Mythos.

11 Literaturverzeichnis

Diese Studie ist die Frucht jahrzehntelanger beruflicher Beschäftigung mit dem Militär. Da es mir um eine neue Interpretation der militärischen Organisations- und Kulturgeschichte geht, also um ein neues Nachdenken über weitgehend bekannte Forschungsergebnisse, beschränke ich mich bei den Literaturangaben auf weiterführende Literatur im Sinne der Studie. Wer die Zitate im Kadettenkapitel nachgewiesen haben will, benutze meinen Aufsatz (in zwei Teilen) von 1986/87 in der Vierteljahresschrift für Sicherheit und Frieden: „Historische und psychologische Wurzeln des traditionalistischen militärischen Erziehungsdenkens…"

Althoff, Gerd: Die Macht der Rituale. Symbolik und Herrschaft im Mittelalter, Darmstadt 2003

Assmann, Jan: Das kulturelle Gedächtnis. Schrift, Erinnerung und politische Identität in frühen Hochkulturen, München 1992

Baumann, Reinhard: Landsknechte. Ihre Geschichte und Kultur vom späten Mittelalter bis zum Dreißigjährigen Krieg, München 1994

Bayerisches Armeemuseum Ingolstadt (Hrsg.): Vom bunten Rock zum Kampfanzug. Zur Uniformentwicklung vom Dreissigjährigen Krieg bis zur Gegenwart. Bearbeitet von Jürgen Kraus, Ingolstadt 1987

Blüher, Hans: Die Erotik in der männlichen Gesellschaft, 2 Bde. Jena 1917/21

Camporesi, Piero: Das Brot der Träume. Hunger und Halluzinationen im vorindustriellen Europa, Ffm, 1990

Demurger, Alain: Die Templer. Aufstieg und Untergang 1118-1314, München 1991

Duby, Georges: Der Sonntag von Bouvines 27. Juli 1214, Ffm. 1996

Hutmacher, Hans A.: Symbolik der biblischen Zahlen und Zeiten, Paderborn 1993

Kieckhofer, Richard: Magie im Mittelalter, München 1992

Kutz, Martin: Deutsche Soldaten. Eine Kultur- und Mentalitätsgeschichte, Darmstadt 2006

Le Goff, Jaques (Hrsg.): Der Mensch des Mittelalters, Ffm. 1990

Münkler, Herfried: Der Dreißigjährige Krieg. Europäische Katastrophe, deutsches Trauma 1618-1648, Hamburg 2019

Regulament und Ordnung des gesammten Kaiserlich-Königlichen Fuß-Volcks von 1749. Facsimiledruck der Originalausgabe, 2 Bde., Einleitung G. Ortenburg, Osnabrück 1969

Rogg, Matthias: Landsknechte und Reisläufer: Bilder vom Soldaten. Ein Stand in der Kunst des 16. Jahrhunderts, Paderborn 2002

Runciman, Steven: Geschichte der Kreuzzüge, München 1995

Sahlins, Marshall: Der Tod des Kapitän Cook. Geschichte als Metapher und Mythos als Wirklichkeit in der Frühgeschichte des Königreiches Hawaii, Berlin 1986

Theweleit, Klaus: Männerphantasien, 2 Bde., Ffm. 1977

Weickmann, Dorion: Tanz. Die Muttersprache des Menschen, München 2012

Abbildungen

Cover:

H. de Gissey, Kostüm des Soldaten, Ballet de la Nuit, Wikipedia Commons; abgerufen 22.5.2022.

Parade am Tempelhofer Feld 1908, No14080. PictureDesk Imago/APA

Seite 45: Reisläufer – Schweizer Söldner überqueren die Alpen. 1509. Luzerner Chronik Diebald Schilling d.J., 1513. Wikip. Commons abger. 22.5.2022

Seite 50: Chevauchet: Großmeister Jacques de Molay, Lithograpie, 19. Jahrhundert. Ökumenisches Heiligenlexikon –

https://www.heiligenlexikon.de/Orden/Templer.htm, abgerufen am 28. 5. 2022

Seite 51: Deutsche Landsknechte des 16. Jahrhunderts. Walker Art Library/Alamy Stock Foto,Bild ID: E0CK 4 E

Seite 52: Inf. Regiment Nr. 3, Kur-Brandenburg/Preußen 1698, Wikip. Commons, Richard Knotel: Uniformenkunde, Lose Blätter zur Geschichte der Entwicklung der militärischen Tracht, Berlin 1890, abger. 22.5.2022

Seite 48: Bayer. Tambour, um 1720; Oberst von Bauer, 1634

Seite 55: Grenadiermützenblech, Bayreuther Ringkragen.

Wir danken dem Armeemuseum Ingolstadt für die Genehmigung zur Abbildung (siehe S. 48 und 55). Bayerisches Armeemuseum Ingolstadt. Vom Bunten Rock zum Kampfanzug. Uniformentwicklung vom Dreissigjährigen Krieg bis zur Gegenwart. Bd. 9, Hrsg. E. Aichner, Bearb. J. Kraus, Ingolstadt 1987.

Carola Hartmann Miles-Verlag

Militärgeschichte

Eberhard Kliem, Kathrin Orth, *"Wir wurden wie blödsinnig vom Feind beschossen". Menschen und Schiffe in der Skagerrakschlacht 1916,* Berlin 2016.

Hans Frank, Norbert Rath, *Kommodore Rudolf Petersen. Führer der Schnellboote 1942–1945. Ein Leben in Licht und Schatten unteilbarer Verantwortung,* Berlin 2016.

Eckhard Lisec, *Der Völkermord an den Armeniern im 1. Weltkrieg – Deutsche Offiziere beteiligt?,* Berlin 2017.

Joachim Welz, *Erfolgsstory oder Trauma – die Übernahme von Armeen. Lehren aus der Übernahme des österreichischen Bundesheeres in die Wehrmacht 1938 und der Reste der NVA in die Bundeswehr 1990,* Berlin 2018.

Georg Neuhaus, *Am Anfang war ein Speer. Eine Chronographie der Kriegs- und Militärtechnologien,* Berlin 2018.

Hans-Werner Ahrens, *Die Transportflieger der Luftwaffe 1956 bis 1971. Konzeption – Aufbau – Einsatz, (Reihe Schriften zur Geschichte der Deutschen Luftwaffe, Band 8),* Berlin 2019.

Jobst Reller, *Die Anfänge der evangelischen Militärseelsorge,* Berlin ^{2}2020.

Eberhard Frhr. v. Senden, Friedrich Frhr. v. Senden, *Der Erste Weltkrieg 1914–1918. Erlebnisse eines jungen Leutnants,* Berlin 2020.

Hans-Günter Behrendt, *Flugabwehr in Deutschland. Stationierungsorte und Systeme 1956-2012,* Berlin 2021.

Gerd Bolik, *NATO-Planungen für die Verteidigung der Bundesrepublik Deutschland im Kalten Krieg,* Berlin 2021.

Olaf Rönnau, *Eine totale Institution als Zwischenspiel. Die Kadettenschule der NVA von ihrer Gründung 1956 bis zu ihrer Auflösung 1961,* Berlin 2022.

Schriften zur Tradition

Eberhard Birk, Winfried Heinemann, Sven Lange (Hrsg.), *Tradition für die Bundeswehr. Neue Aspekte einer alten Debatte,* Berlin 2012.

Donald Abenheim, Uwe Hartmann (Hrsg.), *Tradition in der Bundeswehr. Zum Erbe des deutschen Soldaten und zur Umsetzung des neuen Traditionserlasses,* Berlin 2018.

Joachim Welz, *Vom Kontingentsheer zum Reichsheer: Militärkonventionen als Motor der Wehrverfassung,* Berlin 2018.

Donald Abenheim, Uwe Hartmann, *Einführung in die Tradition der Bundeswehr. Das soldatische Erbe in dem besten Deutschland, das es je gab,* Berlin 2019.

Eberhard Birk, Heiner Möllers (Hrsg.), *Die Luftwaffe und ihre Traditionen (aus der Reihe Schriften zur Geschichte der Deutschen Luftwaffe, Band 10),* Berlin 2019.

Hans-Günter Behrendt (Hrsg.): *Erinnerungsorte der Bundeswehr – Personen, Ereignisse und Institutionen der soldatischen Traditionspflege*, Berlin 2020.

Dirk Drews, Stefan Gruhl (Hrsg.): *Oberst Reinhard Hauschild 1921–2005. Traditionsstifter für die Bundeswehr? Gedenkschrift zum 100. Geburtstag,* Berlin 2021.

Dieter Krüger, *Verständigung mit Frankreich. Das vergebliche Plädoyer des Oberst Dr. Hans Speidel. Paris 1940–1942,* Berlin 2021.

Martin Kutz, *Besuch im Soldatenhimmel. Ein wissenschaftlicher Reisebericht aus einer anderen Welt,* Berlin 2022.

Erinnerungen

Blue Braun, *Erinnerungen an die Marine 1956–1996,* Berlin 2012.

Klaus Grot, *So war's, damals. Dienstchronik eines Pionieroffiziers im Kalten Krieg 1954–1991,* Berlin 2014.

Adolf Brüggemann, *Als Offizier der Bundeswehr im Auswärtigen Dienst. Meine Erinnerungen als Militärattaché in Seoul (Republik Korea) 1978–83 und in Prag (Tschechoslowakei/Tschechien) 1988–1993,* Berlin 2015.

Heinz Laube, *Duell am Himmel,* Berlin 2016.

Viktor Toyka, *Dienst in Zeiten des Wandels. Erinnerungen aus 40 Jahren Dienst als Marineoffizier 1966-2006,* Berlin 2017.

Hans-Eckhard Tribess (Hrsg.), *Im Leben unterwegs – für den Frieden. Festschrift für Wolfgang Altenburg zum 90. Geburtstag am 22. Juni 2018*, Berlin 2019.

Kurt Graf v. Schweinitz, *Notizen im Transit von Krieg und Frieden,* Berlin 2020.

Karl-Otto Behrendt, *Der kurze Bericht über eine lange Zeit. Kriegsgefangenschaft 1945–1953, herausgegeben und kommentiert von Hans-Günter Behrendt,* Berlin 2021.

Hans Peter von Kirchbach, *Herz an der Angel,* Berlin 2021.

Dieter Wolf, *Erlebnisse eines MAD-Offiziers und Leistungssportlers,* Berlin 2022.

Militär und Gesellschaft

Hans-Christian Beck, Christian Singer (Hrsg.), *Entscheiden – Führen – Verantworten. Soldatsein im 21. Jahrhundert,* Berlin 2011.

Marcel Bohnert, Lukas J. Reitstetter (Hrsg.), *Armee im Aufbruch. Zur Gedankenwelt junger Offiziere in den Kampftruppen der Bundeswehr,* Berlin 2014.

Phil C. Langer, Gerhard Kümmel (Hrsg.), *„Wir sind Bundeswehr." Wie viel Vielfalt benötigen/vertragen die Streitkräfte?,* Berlin 2015.

Eberhard Birk, Peter Andreas Popp (Hrsg.), *Luftwaffenoffizier 21. Das Selbstverständnis des Luftwaffenoffiziers zu Beginn des 21. Jahrhunderts, (aus der Reihe Schriften zur Geschichte der Deutschen Luftwaffe, Band 5),* Berlin 2016.

Alois Bach, Walter Sauer (Hrsg.), *Schützen.Retten.Kämpfen. Dienen für Deutschland,* Berlin 2016.

Marcel Bohnert, Björn Schreiber (Hrsg.), *Die unsichtbaren Veteranen. Kriegsheimkehrer in der deutschen Gesellschaft,* Berlin 2016.

Angelika Dörfler-Dierken (Hrsg.), *Hinschauen! Geschlecht, Rechtspopulismus, Rituale: Systemische Probleme oder individuelles Fehlverhalten?,* Berlin 2019.

Offiziersbibliothek

Uwe Hartmann, *Offiziersbibliothek I. Deutschland,* Berlin 2020.

Franz H.U. Borkenhagen, Uwe Hartmann, *Offiziersbibliothek II. Internationale Beziehungen und Sicherheitspolitik,* Berlin 2021.

www.miles-verlag.jimdo.com